根抵当権の確定と登記

大野静香
［著］

一般社団法人 金融財政事情研究会

はしがき

　根抵当権は「担保すべき元本の確定」（以下「確定」という）の前後によって法的性質を著しく異にするものである。

　確定事由は法定されており、確定は事実上の概念である。ところが、根抵当権が実体上確定していても、確定後でなければすることができない「債権譲渡」や「代位弁済」を原因とする根抵当権移転登記等をする場合には、当該根抵当権が確定していることが登記記録上明らかな場合を除いて、前提として確定登記をする必要がある。これが、根抵当権の確定の登記が、単独で対抗要件として機能する場合がほとんどないのに、金融機関等の融資管理上（特に不良債権の管理・回収）において重要な問題となる所以である。

　平成16年4月1日施行の改正民法（「担保物権及び民事執行制度の改善のための民法等の一部を改正する法律」平成15年法律第134号）により、いわゆる「取引の終了による確定」の問題が立法的に解決されて根抵当権の法的安定性が向上し、根抵当権者の確定請求権及びこれによる根抵当権者の単独申請による確定の登記が認められ、多くの場合、速やかに確定の登記をすることができるようになり、金融機関等の負担は大きく軽減したと言われている。

　しかし、今日でもなお、根抵当権の確定登記は、金融機関等にとって、その有する不良債権処理、倒産処理等の現場における問題として浮上し、時間的制約がある中で迅速な対応を迫られる場合が多く、避けては通れないテーマである。

　そこで、筆者は、金融機関等から登記の依頼を受ける司法書士としての実務的な視点から、根抵当権の確定と登記をめぐる諸問題について整理を試みたいと考えた。本書は、平成21年4月から平成22年5月までの間、筆者が『月刊登記情報』に連載した「根抵当権の確定と登記」の第1回から第12回までの論稿に加筆修正を加えた上で、これを単行本として取りまとめたものであ

る。本書の前半部分は、主に確定及び確定の登記をめぐる理論を中心に、不動産競売手続や滞納処分との関係における確定根抵当権の優先弁済権の範囲にも言及してみた。後半部分は、筆者が日常使用している書式若しくは現実に入手した資料等に基づく部分が多いので、いわば執務現場からの報告と捉えていただきたい。また、本書刊行に当たり、金融機関等からよくあるご質問について、結論とともに本文中の解説部分をコメントしたQ＆Aを15問書き加えた。本書が実務に携わる多くの方々の一助となれば幸いである。

　本書の基となった上記連載の執筆及び本書の刊行につき、ご尽力いただいた一般社団法人金融財政事情研究会『月刊登記情報』編集室の方々、ご指導・ご意見をいただいた方々に、深くお礼を申し上げたい。

　なお、本書中、意見にわたる部分は私見であり、また「根抵当権」とは、特記がない限り、昭和47年4月1日施行の改正民法（「民法の一部を改正する法律」昭和46年法律第99号）によるいわゆる「新根抵当権」をいう。

平成23年7月

大野静香

凡　例

〈単行本〉

商事法務編・解説	→	商事法務研究会編『新根抵当法の解説』（商事法務研究会、昭46）
鈴木	→	鈴木禄彌『根抵当法概説〔第3版〕』（新日本法規出版、平10）
貞家＝清水	→	貞家克己＝清水湛『新根抵当法』（金融財政事情研究会、昭48）
枇杷田監・一問一答	→	枇杷田泰助監修『根抵当登記実務一問一答』（金融財政事情研究会、昭52）
第3課編・実務	→	法務省民事局第3課編『例解　新根抵当登記の実務』（商事法務研究会、昭47）
鈴木＝石井編・全書	→	鈴木正和＝石井眞司編『根抵当実務全書』（金融財政事情研究会、昭53）

〈論文・解説〉

清水・逐条解説（上）	→	清水湛「特集　新根抵当法の逐条解説（上）」金融法務事情618号4頁（昭46）
清水・逐条解説（中）	→	清水湛「特集　新根抵当法の逐条解説（中）」金融法務事情619号4頁（昭46）
清水・諸問題（上）	→	清水湛「根抵当権の確定と登記をめぐる諸問題（上）」登記先例解説集236号〔21巻5号〕33頁（昭56）
清水・諸問題（下）	→	清水湛「根抵当権の確定と登記をめぐる諸問題（下）」登記先例解説集237号〔21巻6号〕3頁（昭56）

〈雑誌・判例集〉

登情	→	登記情報
登先	→	登記先例解説集
登研	→	登記研究
登イン	→	登記インターネット
民集	→	最高裁判所民事判例集
判タ	→	判例タイムズ
金判	→	金融・商事判例

目　次

はしがき ……………………………………………………………………… i

凡　例 ………………………………………………………………………… iii

Ｉ　確定の基礎知識

1　確定の意義 …………………………………………………………… 2

2　確定の前後の法律関係 ……………………………………………… 4

　　ア　確定前にのみ可能である変更・処分等 ……………………… 7
　　イ　確定後にのみ可能である変更・処分等 ……………………… 8
　　ウ　確定の前後を問わず可能である変更・処分等 ……………… 9

3　確定時における被担保債権 ………………………………………… 9

　　（1）元本債権 ………………………………………………………… 9
　　（2）利息損害金等 …………………………………………………… 10
　　（3）回り手形・回り小切手 ………………………………………… 10

II　確定事由と確定時期

1　民法上規定されている確定事由と確定時期 ……………………… 14

（1）確定期日の到来（民法398条の6） ……………………………………… 14
（2）相続（民法398条の8） …………………………………………………… 15
 ア　確定前に根抵当権者に相続が開始した場合 ……………………………… 15
 イ　確定前に根抵当権の債務者に相続が開始した場合 ……………………… 16
 ウ　確定前に物上保証人に相続が開始した場合 ……………………………… 17
 エ　根抵当権設定者の相続と限定承認 ………………………………………… 17
 オ　相続に関する合意の成否未定の間における法律関係 …………………… 18
（3）合併（民法398条の9） …………………………………………………… 20
 ア　確定前に根抵当権者について合併があった場合 ………………………… 20
 イ　確定前に根抵当権の債務者について合併があった場合 ………………… 20
 ウ　確定前に物上保証人たる法人に合併があった場合 ……………………… 20
 エ　根抵当権設定者からの確定請求 …………………………………………… 20
（4）会社分割（民法398条の10） ……………………………………………… 21
 ア　確定前に根抵当権者に会社分割があった場合 …………………………… 21
 イ　確定前に債務者に会社分割があった場合 ………………………………… 23
 ウ　確定前に物上保証人に会社分割があった場合 …………………………… 23
 エ　根抵当権設定者からの確定請求 …………………………………………… 24
（5）確定請求（民法398条の19） ……………………………………………… 24
 ア　根抵当権設定者からの確定請求 …………………………………………… 24
 イ　根抵当権者からの確定請求 ………………………………………………… 25
 ウ　確定請求の無効・取消し・撤回 …………………………………………… 28
 エ　特別事情による根抵当権の確定 …………………………………………… 29
（6）「取引の終了等」の確定事由の削除 ……………………………………… 29
（7）根抵当権者による競売若しくは担保不動産収益執行又は
　　　物上代位による差押えの申立て（民法398条の20第1項1号） ……… 32
（8）根抵当権者による滞納処分による差押え
　　　（民法398条の20第1項2号） ……………………………………………… 33

（9）第三者による競売手続の開始又は滞納処分による差押え
　　　（民法398条の20第1項3号・2項) ……………………………… 34
　　　ア　確定時期 ……………………………………………………… 34
　　　イ　競売手続の開始又は滞納処分による差押えに後れる新たな根抵当権
　　　　　設定登記の可否 ………………………………………………… 35
　　　ウ　二重開始決定がされた場合 …………………………………… 35
　　　エ　滞納処分による差押えが競合した場合又は強制執行等による差押え
　　　　　と滞納処分による差押えが競合した場合 ……………………… 36
　　　オ　滞納処分による差押えがされた場合等の根抵当権の優先弁済権
　　　　　………………………………………………………………… 36
　　　カ　確定効の覆滅 ………………………………………………… 38
　（10）債務者又は根抵当権設定者の破産
　　　（民法398条の20第1項4号・2項) ……………………………… 38
　　　ア　確定時期 ……………………………………………………… 38
　　　イ　確定効の覆滅 ………………………………………………… 39

2　複数物件又は複数当事者の場合における
　　確定事由と確定時期 ……………………………………………… 41
　（1）共同根抵当権 …………………………………………………… 41
　（2）共有不動産の全部を目的とする根抵当権 …………………… 42
　（3）共有根抵当権 …………………………………………………… 43
　（4）共用根抵当権 …………………………………………………… 46

3　倒産手続等と確定 ………………………………………………… 47
　（1）会社更生手続 …………………………………………………… 47
　（2）民事再生手続 …………………………………………………… 48
　（3）特別清算 ………………………………………………………… 49

（4）解　散 ……………………………………………………………… 50
　（5）清算結了 ……………………………………………………………… 50
　（6）使用裁決手続開始の登記 ………………………………………………… 50

III 確定登記の要否

1 確定登記を必要としない3つの場合 ……………………………………… 52

2 民法上規定されている確定事由と確定登記の要否 …………………… 54

　（1）確定期日の到来（民法398条の6）……………………………………… 54
　（2）相続（民法398条の8）…………………………………………………… 55
　（3）合併（民法398条の9）…………………………………………………… 56
　（4）会社分割（民法398条の10）…………………………………………… 56
　（5）確定請求（民法398条の19）…………………………………………… 56
　（6）根抵当権者による競売若しくは担保不動産収益執行又は
　　　物上代位の申立て（民法398条の20第1項1号）……………………… 57
　　ア　競売若しくは担保不動産収益執行の場合 …………………………… 57
　　イ　物上代位の場合 ………………………………………………………… 59
　（7）根抵当権者による滞納処分による差押え
　　　（民法398条の20第1項2号）…………………………………………… 60
　（8）第三者による競売手続の開始又は滞納処分による差押え
　　　（民法398条の20第1項3号・2項）…………………………………… 60
　（9）債務者又は根抵当権設定者の破産
　　　（民法398条の20第1項4号・2項）…………………………………… 64
　　ア　法人についての破産 …………………………………………………… 64

イ　自然人についての破産 ……………………………………… 64

**3　複数物件又は複数当事者の場合における
　　確定事由と確定登記の要否** ……………………………………… 70

　（1）共同根抵当権 ………………………………………………………… 70
　（2）共有不動産の全部を目的とする根抵当権 ………………………… 71
　（3）共有根抵当権 ………………………………………………………… 71
　（4）共用根抵当権 ………………………………………………………… 72

4　倒産手続等と確定登記の要否 ……………………………………… 72

5　その他確定登記の要否が問題となる場合 ……………………… 73

　（1）根抵当権設定仮登記 ………………………………………………… 73
　（2）転根抵当権 …………………………………………………………… 73
　　　ア　原根抵当権の確定 ……………………………………………… 73
　　　イ　転根抵当権の確定 ……………………………………………… 74
　（3）抵当権消滅請求（民法379条～386条） …………………………… 74
　（4）停止条件付賃借権仮登記との関係 ………………………………… 74

Ⅳ　確定登記の手続　—総　論—

1　共同申請 ………………………………………………………………… 78

2　単独申請 ………………………………………………………………… 79

　（1）不動産登記法93条による場合 ……………………………………… 79

	（2） 不動産登記法63条による場合 ·· 80
	ア　登記権利者の協力が得られない場合 ································ 80
	イ　登記義務者の協力が得られない場合 ································ 81

3　確定効の覆滅の可能性と確定登記等
　　―筆者のつぶやき― ·· 81

4　登記権利者が確定登記に協力しない場合の
　　その他の対処方法 ·· 85

　（1）担保不動産競売申立て ·· 85
　（2）代位弁済者が登記権利者に代位することの可否 ······················· 87
　（3）事前の書類受領 ·· 88

5　確定の仮登記 ·· 89

6　申請情報及び添付情報 ·· 90

　（1）申請情報 ·· 90
　　ア　登記の目的（不動産登記令3条5号） ······································ 90
　　イ　登記原因及びその日付（同条6号） ·· 90
　　ウ　申請人の表示（同条1号・2号） ·· 91
　　エ　添付情報の表示（不動産登記規則34条1項6号） ················ 91
　　オ　申請の年月日（同項7号） ·· 91
　　カ　登記所の表示（同項8号） ·· 91
　　キ　代理人の表示（不動産登記令3条3号） ···································· 91
　　ク　申請人又は代理人の電話番号その他連絡先
　　　　（不動産登記規則34条1項1号） ·· 91
　　ケ　登録免許税額（同規則189条1項） ·· 91

コ　不動産の表示（不動産登記令3条7号・8号） ……………… 91
　　サ　登記完了証の交付方法及び送付先(不動産登記規則182条2項)… 91
　（2）添付情報 …………………………………………………………… 92
　　ア　登記原因証明情報（不動産登記法61条） ………………… 92
　　イ　登記義務者の権利に関する登記識別情報又は登記済証
　　　　（不動産登記法22条、附則7条） ………………………… 92
　　ウ　代表者資格証明情報
　　　　（不動産登記令7条1項1号、不動産登記規則36条1項） ……… 93
　　エ　代理権限証明情報
　　　　（不動産登記令7条1項2号、不動産登記規則36条2項） ……… 93

Ⅴ　確定登記の手続　―各論と書式―

1　申請情報及び添付情報の書式例についてのご注意 …………… 96

2　共同申請 …………………………………………………………… 96

（1）申請情報の書式例 ……………………………………………… 96
（2）添付情報の書式例 ……………………………………………… 96
　　ア　根抵当権者からの確定請求による確定の場合 ………… 96
　　イ　当事者の合意による確定の場合 ……………………… 104

3　不動産登記法93条による単独申請 ……………………………… 109

（1）根抵当権者からの確定請求 …………………………………… 109
　　ア　申請情報の書式例 ………………………………………… 109
　　イ　添付情報の書式例 ………………………………………… 109

　　　　ウ　委任状 126
　（2）第三者による競売手続の開始・滞納処分による
　　　　差押えがされている場合 127
　　　　ア　申請情報の書式例 127
　　　　イ　添付情報の書式例 127
　（3）債務者又は根抵当権設定者が破産している場合 135
　　　　ア　申請情報の書式例 135
　　　　イ　添付情報の書式例 135

4　不動産登記法63条による単独申請 146
　（1）登記権利者（根抵当権設定者）の協力が得られない場合 146
　　　　ア　申請情報の書式例 146
　　　　イ　添付情報 146
　（2）登記義務者（根抵当権者）の協力が得られない場合 151
　　　　ア　申請情報の書式例 151
　　　　イ　添付情報 151

5　確定登記の前提登記 152
　（1）確定登記の前提登記が必要な場合 152
　（2）登記原因証明情報と登記記録上の根抵当権設定者の
　　　　表示が一致しない場合 152
　　　　ア　申請情報の書式例 152
　　　　イ　添付情報 152
　（3）根抵当権設定者に相続が開始している場合 155
　　　　ア　申請情報の書式例 155
　　　　イ　添付情報 155

VI Q&A

1 確定効とその覆滅 ……………………………………… 162

2 確定登記の要否 ………………………………………… 166

3 確定請求書 ……………………………………………… 167

4 根抵当権の確定と被担保債権 ………………………… 168

VII 先例、判例、参考文献

1 通達・回答 ……………………………………………… 170

2 判　例 …………………………………………………… 176

3 参考文献 ………………………………………………… 181
　（1）単行本 ……………………………………………… 181
　（2）論文・解説 ………………………………………… 183
　（3）座談会・対談・アンケート ……………………… 187
　（4）質疑応答（『登記研究』）………………………… 187

I

確定の
基礎知識

I 確定の基礎知識

1 確定の意義

「根抵当権の確定」とは、一定の法定事由が発生することにより、極度額の限度において担保されていた一定の範囲に属する不特定の債権が特定されることをいう。これによって以後新たに発生する元本債権等が当該根抵当権によっては担保されなくなる。

根抵当権は抵当権の一種である。しかし、確定前の根抵当権は、被担保債権についての付従性・随伴性が否定されており、被担保債権の範囲や債務者の入替えが可能な、いわば「担保枠」ともいうべき性質を有している。根抵当権者が受け得る「担保枠の限度額＝優先弁済の限度額」は「極度額」であり、これを明確にすることにより根抵当権の担保不動産に対する価値支配権としての性格が強化されている。根抵当権の確定前においては、根抵当権設定者の関与は要するものの、後順位者等の関与なしに被担保債権の範囲や債務者の変更、他の債権者への根抵当権の絶対的移転が可能である。

また、根抵当権をめぐる法律関係は、根抵当権設定者の意思を中心として構成されている[1]。根抵当権に独立性が認められ、極度額による価値支配権としての性格が強化されている反面、確定前の根抵当権の変動は原則として根抵当権設定者の関与なしにすることができず、根抵当権自体の処分性・流動性が抵当権よりも制限されている。

確定後の根抵当権は被担保債権が特定され、確定時に存する元本債権及びこれに附帯する利息損害金等を担保するものとして、付従性・随伴性が認められ、根抵当権の譲渡・処分について根抵当権設定者の関与が不要となる。確定によって根抵当権が普通抵当権と全く同じものに転化するわけではない

---

1) 貞家＝清水20頁、清水・逐条解説（上）11頁。

が、確定後の根抵当権の法律関係は一般の抵当権の法制に従うこととなる。

根抵当権も抵当権の一種であるが、設定時から確定時までの間においては、債権に対する付従性・随伴性等の例外を認めることとし、その例外としての性質を有する終期が「確定」の時点である。

ちなみに、いわゆる旧根抵当権[2]においても「確定」という概念は存在していた。基本契約必要説を前提とする旧根抵当権においては、確定登記は「設定時点において予定されていた将来債権が現実に発生して債権額が確定した」という、いわば「債権額の登記」であった。現行法の「確定」概念は、付従性・随伴性の例外として被担保債権等の変更・処分が可能であった根抵当権が、その時点における特定債権の元本債権とこれに附帯する利息損害金等のみを担保するものに変化するというものであり、旧根抵当権のそれとは全く異なると解されている[3]。

現行法における根抵当権の確定は、その前後によって根抵当権の法的性質が著しく変化するので、根抵当権の内容の極めて重要な変更である。そのため、以後の法律関係に混乱を生じるおそれがあるので、これを明らかにするために確定の登記をする必要があるとされている。

立法の過程においては、確定は事実上の概念であり、対抗要件として機能する場面が実質的にはないのであるから、確定登記を不要とし、確定後にしかすることのできない「代位弁済」を原因とする根抵当権移転登記等をする場合には、便宜「確定債権の代位弁済」のように登記原因において明らかにしてはどうかという議論もあったようである[4]。

しかし、不動産登記は、不動産に関する権利の保存、設定、移転、変更、

---

[2] 旧根抵当権においては、「包括根抵当有効論」と「基本契約必要説」が対立していた。不動産登記実務上は、「基本契約必要説」をとっていた（昭30・6・4民甲第1127号民事局長回答・登研92号33頁）。
[3] 昭36・5・23民甲第1210号民事局長回答（登先1号[1巻1号]5頁）、清水・諸問題（上）47頁。
[4] 貞家克己＝清水湛「特集　根抵当に関する民法の一部を改正する法律案要綱案の解説」金法565号42頁（昭44）、清水・諸問題（下）28頁。

処分の制限又は消滅についてするのであるから、確定登記は、根抵当権の内容の重大な変更として、物権変動の過程を忠実に公示するため、独立した形式で当然に登記すべきものであるとされた。

この確定登記の法的性格については、対抗要件として必要であるとする説[5]と単なる公示のために必要であるとする説[6]とがあるが、実務的には、確定登記が単独で対抗要件として機能する場合はほとんどない。根抵当権の確定後の譲渡・処分等の登記をするために、確定していることが登記記録上明らかな場合を除き、当該登記の前提として確定登記をする必要がある[7]。言い換えれば、確定後の根抵当権の譲渡・処分等を第三者に対抗するための前提として確定登記が必要なのである。

2　確定の前後の法律関係

根抵当権が確定すると、根抵当権は被担保債権の差替えの可能な極度額という限度を持ったいわば「担保枠」から、確定時に存する元本債権とこれに附帯する利息損害金等を担保するものに変化する。確定前には可能であった根抵当権特有の変更・処分ができなくなり、債権に対する付従性・随伴性が認められることになる。

また、転根抵当・順位変更等の場合を除き、確定前の根抵当権の変更・譲渡・処分については、根抵当権設定者の関与が必要であり、根抵当権自体の処分性・流動性を根抵当権設定者が支配しているが、確定後は根抵当権設定

---

5)　清水・逐条解説（中）45頁。
6)　香川保一「根抵当法逐条解説（14）」登研542号22頁（平5）。
7)　昭46・12・27民三発第960号民事局第三課長依命通知（登先128号[12巻3号]55頁）。

者の関与なしに根抵当権自体を譲渡・処分することができるようになるので、根抵当権の処分性・流動性が高まる[8]。

しかし、根抵当権は確定したからといって普通抵当権と全く同一のものに転化するわけではない。

確定後の根抵当権については、普通抵当権の優先弁済権についての民法375条の規定の適用がない。つまり、利息損害金等について極度額の範囲内において2年分という制限なく優先弁済を受けることができる。「極度額の範囲内において」とは、競売手続において、後順位担保権者など配当を受けることができる第三者が存在せず売却代金から極度額を控除した後に余剰がある場合であっても、極度額超過部分については、当該担保不動産競売手続における配当を受けることができないということである[9]。

普通抵当権は、競売手続において後順位担保権者等が存しない場合、元本及び2年分の利息損害金の合計額を超過した部分について一般債権としての弁済を受け得るが、根抵当権は、後順位担保権者等が存しない場合であっても極度額の範囲においてしか弁済を受けることができず、極度額超過の元本・利息損害金等は一般債権としても扱われない。なお、元本極度額の定めのある旧根抵当権については、元本が極度額で制限されている以外は、普通抵当権と同じに扱われる[10]。

したがって、競売手続において極度額超過の余剰金の生じる見込みのあるときは、極度額超過の債権を有する根抵当権者は、実務対応として、当該不動産の仮差押え等の手続を採って配当要求し、後に債務名義を得て供託金か

---

8) 升田純「根抵当権の確定をめぐる諸問題の現状と展望」登情466号29頁（平12）によれば、近時は、債権の証券化、根抵当権の流動化、企業再編、倒産処理における根抵当権の取扱いについて、根抵当権設定者の承諾を要することなく譲渡等の処分を行うこと、被担保債権の契約上の地位とともに根抵当権を移転させること等の根抵当権自体の流動化の要請もあるとされている。
9) 最一小判昭48・10・4（金法701号30頁）。
10) 最高裁判所事務総局編『民事書記官事務の手引（執行手続―不動産編―）（下）』262頁（法曹会、平元）。

ら配当を受ける必要があるといえよう11)。

　なお、被担保債権額が極度額を超過する場合において、競売代金の配当をすべき債権の決定は、法定充当の規定に従い、確定後に元本についての一部弁済があった場合には極度額超過部分についての弁済であると解されている12)。

　競売手続における確定後の根抵当権と抵当権の配当事務の取扱いは、当該（根）抵当権で担保されている数個の被担保債権のうちの1個の債権の全部について保証人が代位弁済をした場合にも異なる13)。抵当権の場合には特段の合意がない限り債権者と保証人の債権額に応じた按分配当であるが14)、確定後の根抵当権の場合には債権者が保証人に優先する配当である15)。

　また、確定後の根抵当権について民法375条の適用がないことと関連して、減額請求（民法398条の21）又は消滅請求（民法398条の22）が認められている。

　減額請求は根抵当権設定者がすることができ、この請求がされると、被担保債権は、現に存する債権額に以後2年間に生ずべき利息損害金等の額を加算した額に減額されることになる。元本の貸付なしに利息損害金等の額だけが増加するという弊害を防止するためである。

　消滅請求は、根抵当権者は極度額相当額の利益が得られれば足りるであろうということから、物上保証人・第三取得者等に請求権者を限定して認めら

---

11) 椿寿夫編集代表『担保法の判例 I』226頁〔野村重信〕（有斐閣、平6）。石井眞司＝奏光昭「特集II　根抵当実務に関するアンケート調査の集計結果とその分析」金法1361号40頁（平5）によれば、異なる取扱いの裁判所も存在するようである。
12) 我妻栄『新訂担保物権法（第21刷）』491頁（岩波書店、昭43）、最二小判昭62・12・18（民集41巻8号1592頁・金法1182号38頁）、最二小判平9・1・20（民集51巻1号1頁・金法1479号50頁）。
13) 東京地方裁判所民事執行センター「さんまエクスプレス＜第32回＞保証人が抵当権の数個の被担保債権のうちの1個を代位弁済した場合の配当方法」金法1760号14頁（平18）。
14) 最一小判平17・1・27（民集59巻1号200頁・金法1738号105頁）。
15) 福岡高判平19・3・15（判タ1246号195頁）。この事案は上告されており、最高裁の判断はまだ下されていない。東京地方裁判所民事執行センター・前掲注13) 参照。

れており、極度額に相当する金額を払い渡し又は供託して、当該根抵当権を消滅させることができる。ただし、当該請求権者が債務者に代わって弁済する場合には、債務者が弁済するのと同様に、債権額が極度額を超過する場合であっても債権額全額を弁済しなければ根抵当権は消滅しない[16]。

確定の前後における根抵当権の変更・処分等についての差異は、次のとおりである。

ア 確定前にのみ可能である変更・処分等

① 被担保債権の範囲・債務者の変更（民法398条の4）

元本確定前に変更登記をする必要がある[17]。

② 確定期日の定め又はその変更（民法398条の6）

確定期日を登記している場合には、確定期日到来前に変更登記をする必要がある。確定期日が未登記のままである場合には、当事者間においては当初の契約によって定めた確定期日の到来によって当然に確定することにはならない場合もあるので、民法398条の6第4項の規定は確定期日の定めが未登記の場合には適用がないと解されている[18]。

③ 根抵当権者の相続又は債務者についての相続があったときにおける特別規定の適用（民法398条の8）

④ 根抵当権者の合併又は債務者に合併があったときにおける特別規定の適用（民法398条の9）

⑤ 根抵当権者又は債務者に会社分割があったときにおける特別規定の適用（民法398条の10）

⑥ 全部譲渡（民法398条の12第1項）

---

[16] 最二小判昭42・12・8（民集21巻10号2561頁・金法501号20頁）、椿編・前掲注11) 251頁〔関沢正彦〕。

[17] 貞家＝清水92頁は、「確定前に変更の登記をしなかった場合には、当事者間においても変更の効力を生じないが、このことは、そのような変更行為が当事者間においてもいかなる効力をも生じないという意味において、絶対的に無効であるということを意味することには必ずしもならない」とする。

[18] 貞家＝清水108頁、清水・逐条解説（上）43頁。

I 確定の基礎知識

　　根抵当権の譲渡を第三者に対抗するためにはその登記を要することは言うまでもない。しかし、根抵当権の譲渡について民法398条の4第3項と同様に元本確定前の登記がなければ効力を生じないかについては議論のあるところである。多くの学説は、その類推適用を認めており[19]、近時、裁判例も根抵当権の譲渡についての元本確定前の登記の必要性を肯定した[20]。

⑦　分割譲渡（民法398条の12第2項）

⑧　一部譲渡（民法398条の13）

⑨　共有根抵当権における優先の定め（民法398条の14第1項ただし書）

⑩　共有根抵当権の共有者の権利譲渡（民法398条の14第2項）

　　共有根抵当権の共有者の権利放棄の場合には、根抵当権設定者の関与を要しない[21]。

⑪　追加設定（民法398条の16）

イ　確定後にのみ可能である変更・処分等

①　債権譲渡・代位弁済による根抵当権の移転（民法398条の7第1項）

②　債務引受による根抵当権の変更（民法398条の7第2項）

③　債権者の交替による更改による根抵当権の移転（民法398条の7第3項）

④　債務者の交替による更改による根抵当権の変更（民法398条の7第3項）

⑤　根抵当権の順位の譲渡（民法398条の11）

⑥　転根抵当権について民法377条2項の規定の適用（民法398条の11第2

---

19)　我妻・前掲注12）514頁は、「譲渡の合意をしても登記をしないうちに確定事由を生じた場合には、譲渡の効果がなかったもの」とし、鈴木285頁は「根抵当権譲渡が成立するためには登記が必要であり、登記がされないで譲渡契約のみでは—当事者間での債権的拘束力は生ずるが—物権的効力は生じない」とする。

20)　東京高判平20・6・25（登情563号116頁）。

21)　貞家＝清水221頁、「質疑応答【6975】」登研490号145頁（昭63）。なお、「質疑応答【6799】」登研467号104頁（昭61）は、根抵当設定者の承諾を要するとする。

項）
　⑦　共同根抵当権の後順位者の代位による移転（民法398条の16）
　⑧　極度額の減額請求（民法398条の21）
　⑨　消滅請求（民法398条の22）
ウ　確定の前後を問わず可能である変更・処分等
　①　順位変更（民法374条）
　②　極度額の変更（民法398条の5）
　③　転根抵当（民法398条の11）
　　転根抵当自体は確定の前後を問わず可能であるが、確定前には民法377条第2項の規定の適用がない。
　④　根抵当権の被担保債権の差押・質入[22]。
　⑤　根抵当権の解除・放棄

3　確定時における被担保債権

(1)　元本債権

　確定時に特定されている元本債権が担保される。確定時において現存債権である必要はないので、将来債権、条件付債権であっても、債権を生ずる発生原因たる事実が既に存在していれば被担保債権となる[23]。例えば次のような債権でも被担保債権となる[24]。

22）　昭55・12・24民三第7175号民事局長回答（登先236号[21巻5号]3頁）。
23）　我妻・前掲注12）490頁、鈴木164頁、216頁、貞家＝清水65頁、清水・逐条解説（上）30頁、商事法務編・解説115頁。
24）　貞家＝清水66頁、清水・逐条解説（上）30頁、商事法務編・解説116頁。

① 保証人の求償権。確定前に保証契約が締結されていれば、代位弁済の必要も事前求償権が既発生である必要もない。
② 根抵当権者が債務者に割り引いた手形を第三者に裏書譲渡した場合の、根抵当権者の債務者に対する再遡求の請求権。確定前の裏書譲渡の事実で足り、当該第三者から遡求権を行使されている必要はない。
③ 買戻特約付きで手形を割り引いたときの買戻代金請求権。割引が確定前に行われていれば足りる。
④ 確定前にした売買契約が確定後に解除された場合の根抵当権者の債務者に対する損害賠償請求権。

(2) 利息損害金等

確定時までに特定されている元本債権の利息損害金等であれば、確定時以降に発生したものであっても極度額の範囲内において担保される。確定時において当該利息損害金等を生じた元本債権が消滅していても差し支えない。

(3) 回り手形・回り小切手

根抵当権者が債務者との取引によらないで取得するいわゆる回り手形等の債権は、次に掲げる事由の発生以前に取得したものが被担保債権となり、また、その後に取得したものであっても、根抵当権者がその事由の発生を知らないで取得したものは担保される（民法398条の3第2項）。
① 債務者の支払停止
② 債務者についての破産手続開始、再生手続開始、更生手続開始又は特別清算開始の申立て
③ 抵当不動産に対する競売の申立て又は滞納処分による差押え

回り手形等が被担保債権となるか否かの立証責任は根抵当権者にある。上記事由の発生前に取得したことの立証は比較的容易であろうが、上記事由の発生を知らなかったことの立証は困難である。

債務者について上記事由が消滅した場合には、回り手形等についての制限

も消滅すると解されている。また、再生手続、会社更生手続において、根抵当権が確定することなく当該手続がその目的を達成して終了したときには、回り手形等が被担保債権となる余地もある[25]。

---

[25] 貞家＝清水73頁、全国倒産処理弁護士ネットワーク編『倒産手続と担保権』74頁〔中井康之〕（金融財政事情研究会、平18）。

II

確定事由と確定時期

1 民法上規定されている確定事由と確定時期（共同根抵当権等に関する場合は2で後述）

（1） 確定期日の到来（民法398条の6）

　確定期日の定めは、根抵当権者と根抵当権設定者との合意によってされるものであり、確定期日はこれを定め又は変更した日から5年以内の日であることを要する。根抵当権設定契約と同時にすることも、確定前であれば後日にすることも可能である。また、いったん定めた確定期日の繰上げ、繰下げ、廃止[1]のいずれも可能であり、その登記をすることができる。

　確定期日を定めたときは、根抵当権の内容に関する登記として、また、第三者対抗要件として、その旨を登記するのが原則である。登記なくして対抗することができない第三者とは、確定期日の定めをした後に担保不動産の所有権を取得した者若しくは当該定めをした後に当該根抵当権の譲渡又は一部譲渡を受けた者等をいう。

　根抵当権者と根抵当権設定者が合意により確定期日を定めてその旨を登記した場合、当該期日が到来した時（確定期日の午前零時）に根抵当権は確定する[2]。

　確定期日の定めを登記した場合であってその後に当該期日を変更したときは、期日到来前に変更登記をしないと根抵当権は変更前の期日において確定する。確定期日の定めの登記は、期日前には対抗要件（既に効力が発生している法律行為を第三者に対して法律上主張するために必要とされる要件）で

---

[1] 昭52・2・5民三第774号民事局第三課長回答（登先190号［17巻6号］3頁）、貞家＝清水106頁、枇杷田監・一問一答178頁。
[2] 第3課編・実務72頁、貞家＝清水111頁。

あるが、当該期日の変更登記は効力要件（法律行為が効力を生じるために必要とされる要件）としての意味を有するといえる。

確定期日が行政機関の休日に当たる場合、その翌日に確定期日の変更登記を申請しても受理されない。確定期日は「特定の期日」であって「期間」ではないため、民法142条の期間の満了に関する特則の規定の適用がないので、休日である当該確定期日に確定するからである[3]。

確定期日が未登記のままであっても、当事者間においては、当該確定期日の定めが効力を有するのは当然であり、確定期日が到来すれば根抵当権は確定するのが原則である。しかし、当該確定期日の定めについて暗黙の廃止があったものとみるべき場合等、当初の契約によって定めた確定期日の到来によって当然に確定することにはならない場合もあり得るので、民法398条の6第4項の規定は、確定期日の定めが未登記の場合には適用がないと解されている[4]。

なお、確定期日の定めが登記されている場合に、当該期日前に他の確定事由が発生すれば根抵当権は確定し、元本確定の登記を申請することができるのは当然である[5]。

（2） 相続（民法398条の8）

ア　確定前に根抵当権者に相続が開始した場合

確定前に根抵当権者について相続が開始したときは、根抵当権は、相続開始の時に存する債権のほか、相続人と根抵当権設定者との合意により定めた相続人が相続開始後に取得する債権を担保する（民法398条の8第1項による相続に関する合意）。

---

[3]　第3課編・実務72頁、昭46・10・4民事甲第3230号民事局長通達（登先209号［19巻1号］150頁）。
[4]　貞家＝清水108頁。
[5]　第3課編・実務154頁、貞家＝清水111頁、枇杷田監・一問一答171頁、「質疑応答」登研319号50頁（昭49）。

この合意について相続の開始後6か月以内に登記をしないときは、根抵当権は相続開始の時に遡及して確定したものとみなされる。6か月の期間の計算は民法の原則により、初日不算入で根抵当権者の死亡の翌日から起算して6か月目の応答日の前日をもって満了する（民法140条、141条及び143条）。相続に関する合意の登記の期間満了日が行政機関の休日に当たるときは、その翌日が期間満了日となる[6]。期間を徒過した登記申請は受理されない[7]。

　根抵当権者の相続開始後、相続人が不分明の場合には、根抵当権は相続財産として相続財産管理人により清算・管理されることとなるが、民法398条の8第1項の合意は根抵当権者の相続人と根抵当権設定者がするものであるから、根抵当権者の相続財産管理人は相続に関する合意の当事者及び相続に関する合意により指定を受けるべき者とはならない。根抵当権者に相続人がない場合は、実質的に相続に関する合意をする余地がなくなるので、当該合意をすべき期間の満了を待つことなく、根抵当権者の死亡によって当該根抵当権は実体的に確定するといえる[8]。

イ　確定前に根抵当権の債務者に相続が開始した場合

　確定前に根抵当権の債務者について相続が開始したときは、根抵当権は、相続開始の時に存する債務のほか、根抵当権者と根抵当権設定者との合意により定めた相続人が相続の開始後に負担する債務を担保する（民法398条の8第2項による相続に関する合意）。

　この合意について相続の開始後6か月以内に登記をしないときは、根抵当権は相続開始の時に遡及して確定したものとみなされる。6か月の期間計算及び期間を徒過した登記申請の扱いについては根抵当権者に相続が開始した場合と同様である。

---

[6]　「質疑応答【7299】」登研533号156頁（平4）。
[7]　「新根抵当権登記便覧（4）」登研312号47頁（昭48）、「質疑応答【6930】」登研482号180頁（昭63）。
[8]　第3課編・実務107頁、「質疑応答」登研312号46頁（昭48）。

根抵当権者又は債務者の相続人が1人の場合[9]、又は既発生の債務がゼロの場合であっても[10]、相続に関する合意の登記がなされない場合には根抵当権は相続開始の時に遡及して確定する。

ウ　確定前に物上保証人に相続が開始した場合

確定前に物上保証人について相続が開始しても、民法には何らの規定がないので、物上保証人の死亡は、根抵当権の確定事由とはならない[11]。物上保証人の死亡という偶発的な事情によって根抵当権設定者の確定請求権が認められるのでは根抵当取引の安全が害されるので、物上保証人に相続が開始した事由のみを理由にした根抵当権設定者の確定請求権は認められないのである。

エ　根抵当権設定者の相続と限定承認

限定承認とは、相続人の「相続によって得た財産の限度においてのみ被相続人の債務及び遺贈を弁済すべきことを留保して」相続を承認する意思表示によってなされる相続の形態である（民法922条）。

根抵当権設定者又は債務者に相続が開始し、その相続人が限定承認をした場合であっても、これのみによっては根抵当権は確定しない。根抵当権者と根抵当権設定者によって、相続開始後6か月以内に民法398条の8第2項による相続に関する合意がされれば、当該合意により定められた債務者の相続人が相続開始後に負担する債務を担保することになり、当該合意が所定の期間内にされなければ、根抵当権は相続開始時において確定したものとみなされる。

ただし、根抵当権設定者に相続が開始した場合には、根抵当権の目的物件は相続財産となるので、その相続人が民法398条の8第2項による相続に関

---

9)　鈴木＝石井編・全書177頁、「質疑応答【5533】」登研369号81頁（昭53）。
10)　商事法務編・解説176頁。
11)　鈴木＝石井編・全書197頁は、物上保証は、物上保証人と根抵当権者、物上保証人と債務者との間の個人的信頼関係が基礎となっているので、根保証の場合と同じく、物上保証人の死亡により根抵当取引が当然に終了し、被担保債権が確定するとする説もあるとする。

Ⅱ 確定事由と確定時期

する合意をしたときは、相続財産の処分行為として単純承認をしたことになり（民法921条）、限定承認の効果が失われることになるので注意を要する[12]。

オ 相続に関する合意の成否未定の間における法律関係

相続に関する合意の成否未定の間における当該合意の登記と確定に関して次のような問題がある。なお、当該合意の成否未定の間においては、根抵当権が不安定な状態にあるので、確定前又は確定後についてのみすることができる登記をすることはできない[13]。

(ア) 債務者が死亡した場合における民法398条の8第2項の合意

債務者が死亡しその後に根抵当権者が死亡した場合又はその逆の場合には、根抵当権者について民法398条の8第1項の合意がされる前でも、その合意の当事者となるべき相続人と根抵当権設定者は、同条2項の合意及びその合意に直接関連する担保すべき債権の範囲の変更をし、これに係る登記ができるものと解されているので[14]、所定の期間内に当該合意の登記がされないときは根抵当権が確定する。

(イ) 数次の相続が開始した場合

根抵当権者又は債務者につき相続が開始し、民法398条の8第1項又は同条2項の合意の成否未定の間に当該相続人について更に相続が開始した場合であって、最初の相続開始の時から6か月以内にこれらの合意の登記をしないときは、最初の相続開始の時に根抵当権は確定する[15]。

(ウ) 確定期日の変更

根抵当権者の相続開始後6か月以内に確定期日が到来することとなる場合には、相続に関する合意の当事者となるべき根抵当権者の相続人と根抵当権設定者との合意により、確定期日の変更をし、その登記をすることができる

---

12) 鈴木正和＝両部美勝『相続と債権保全対策〔新版〕』79頁（金融財政事情研究会、平18)。
13) 第3課編・実務88頁、枇杷田監・一問一答76頁。
14) 貞家＝清水140頁。
15) 第3課編・実務111頁、枇杷田監・一問一答127頁、「新根抵当権登記便覧（4）」登研312号47頁（昭48)。

と解されているので[16]、当該確定期日前に変更登記をしないと根抵当権は確定する。

(エ) 確定請求

　根抵当権設定後3年を経過している場合であって、根抵当権者に相続が開始し、民法398条の8第1項の合意の成否未定の間であっても、根抵当権設定者は相続に関する合意の当事者となるべき根抵当権者の相続人に対して民法398条の19第1項の規定による確定請求をすることができる。この場合、民法398条の8第1項の合意は不能となるので、根抵当権は相続開始の時に確定する[17]。

(オ) 他の事由により元本が確定した場合

　相続に関する合意の登記は相続開始後6か月以内にしなければならないが、元本の確定前であることを要するわけではないので、当該合意の成否未定の間に他の事由で根抵当権が確定した場合であっても相続開始後6か月以内であれば当該合意の登記をすることができる。相続に関する合意の登記をすれば、相続開始後確定の時までに当該合意により指定された者が取得し又は負担した債務は根抵当権によって担保されるので、相続に関する合意及びその登記をする実益がある[18]。

　また、第三者による担保不動産に対する競売手続の開始又は滞納処分による差押えがあると、その旨が根抵当権者等に通知される（民事執行法49条2項、国税徴収法55条）。この通知があった後2週間を経過すると根抵当権は確定するが（民法398条の20第1項3号）、差押え等の効力が消滅することにより確定効が覆滅する可能性があるので（同条2項）、相続に関する合意及びその登記をする実益がある[19]。

---

16)　貞家＝清水140頁、商事法務編・解説180頁。
17)　貞家＝清水140頁。
18)　第3課編・実務113頁。枇杷田監・一問一答129頁及び「新根抵当権登記便覧（4）」登研312号47頁（昭48）は、確定前の相続に関する合意が必要とする。
19)　貞家＝清水141頁、商事法務編・解説180頁。

㈥　当事者の責めに帰すべき事由によらないで、相続に関する合意の登記ができない場合

　担保物件が土地区画整理法107条３項による登記停止区域内にあるため、根抵当権の債務者が死亡し相続人の１人と相続に関する合意が成立した後その登記を６か月以内にすることができない場合であっても、根抵当権は確定する。当事者の責めに帰すべからざる事由により期間を遵守できない場合における救済手段がないからである[20]。

（３）　合併（民法398条の９）

ア　確定前に根抵当権者について合併があった場合

　確定前に根抵当権者について合併があったときは、根抵当権は、合併の時に存する債権のほか、合併後存続する法人又は合併によって設立された法人が合併後に取得する債権を担保することとなる。後記エの確定請求をされた場合を除き、根抵当権は確定しない。

イ　確定前に根抵当権の債務者について合併があった場合

　確定前に根抵当権の債務者について合併があったときは、根抵当権は、合併の時に存する債務のほか、合併後存続する法人又は合併によって設立された法人が合併後に負担する債務を担保することとなる。後記エの確定請求をされた場合を除き、根抵当権は確定しない。

ウ　確定前に物上保証人たる法人に合併があった場合

　確定前に物上保証人たる法人の合併について、民法には何らの規定がないので、根抵当権は確定しない。物上保証人の合併を理由とする確定請求権は存在しない。

エ　根抵当権設定者からの確定請求

　根抵当権者又は債務者たる法人に合併があったときは、合併前の法人の権

---

[20]　「昭和50年度法務局地方法務局登記課長会同第14問」登研342号74頁（昭51）。

利義務が合併後の法人に包括的に承継される。これにより、根抵当権者又は債務者の信用状態に変動があることを考慮し、これらの場合における根抵当権設定者の利益を保護するため、根抵当権設定者には、自らが債務者として合併当事者となった場合を除き、確定請求権が認められている。

根抵当権設定者は、根抵当権者又は債務者たる法人が他の法人に吸収合併された場合若しくは他の法人と新設合併をして新たな法人を設立した場合にこの確定請求ができるのであって、根抵当権者又は債務者たる法人が他の法人を吸収合併をした場合には確定請求をすることができない。

確定請求は、要式行為ではないので、口頭によっても可能であるが、一般的には内容証明郵便によってなされ[21]、根抵当権設定者の確定請求の意思表示が根抵当権者に到達した時に効力を生じ、根抵当権者の承諾を必要としない。この確定請求があったときは、根抵当権は、当該意思表示の到達の時ではなく、合併の効力が生じた時に確定したものとみなされる。

根抵当権設定者は、合併を知った日から2週間を経過したとき、又は合併の日から1か月を経過したときは確定請求をすることができない。

確定請求権の放棄・不行使の特約は物権的な拘束力を生じない。したがって、このような特約がある場合においても確定請求の意思表示は有効であり、確定の効力を生じると解されている[22]。

(4) 会社分割（民法398条の10）

ア 確定前に根抵当権者に会社分割があった場合

---

21) 昭56・3・5民三第1431号民事局長回答（登先239号[21巻8号]115頁）、【図表1】参照。なお、書式例は債務者に合併があった場合の例である。
22) 貞家＝清水158頁、商事法務編・解説188頁、清水・逐条解説（中）13頁、堀内仁ほか「座談会 新根抵当と金融取引〔第13回〕」金法638号37頁（昭47）。鈴木371頁は、現実に確定請求権が発生した後の放棄等は完全に有効とする。なお、確定請求権の放棄・不行使の特約がなされた場合に債権的効力が認められるか——例えば、担保提供義務の不履行等というような形での損害賠償請求権が認められるか——については、鈴木119頁、371頁は消極であり、鈴木＝石井編・全書464頁、商事法務編・解説189頁、239頁は積極である。

Ⅱ　確定事由と確定時期

【図表１】　債務者の合併による確定請求

(1) 用途（関係条文　民398条ノ10③）

> 債務者について合併があったときに、債務者以外の根抵当権設定者が、合併を知った日から２週間以内、あるいは合併の日から１か月以内に確定請求をした場合

(2) 手続

	書類	書類上の関係者
準備書類	参考例 （根抵当権確定請求通知書）	根抵当権設定者（債務者以外）
	確委－２号様式	根抵当権者、根抵当権設定者
	根抵当権設定登記済証 （権利証）	根抵当権者
	商業登記簿抄本 （資格証明）	根抵当権者、根抵当権設定者（ただし、東京、大阪、名古屋、横浜の各本局の場合を除き、法人の本・支店の管轄登記所と本件不動産の管轄登記所が同一のときは省略することができる。（不登法施行細則44条ノ８参照））
費用	確委－２号様式収入印紙	第17号文書
	登録免許税	不動産１個につき1,000円
取扱上の注意	① この確定の効力は、合併の時（合併の登記日）にさかのぼって生ずるので（民398条ノ10④）、合併の時から確定請求を受けたときまでに発生した債権は担保されないので注意すべきである。 ② この確定請求は、債務者と根抵当権設定者（第三取得者を含む）とが同一人である場合は、認められない（民398条ノ10③但書）。また、「債務者について合併があったとき」とは、債務者が他の法人に吸収合併されたとき、または他の法人と新設合併をして新たな法人を設立したときをいい、債務者が他の法人を吸収合併したときは、債務者自身に変更がないため、確定請求は認められない。 ③ 根抵当権設定者が合併のあったことを知った日から２週間経過するか、あるいは合併の日から１か月を経過している場合には、確定請求はできない（民398条ノ10⑤）。 ④ 共同担保物件の一つについて確定請求をうけると、他の物件全部についても確定する（民398条ノ17②）。 　これに対し、累積式根抵当の場合には、そのうち１個の根抵当権について確定請求をうけても、他の根抵当権は確定しない。	

1　民法上規定されている確定事由と確定時期

```
内容證明書用紙

根抵当権確定請求通知書　（注1）

私は、昭和四十七年四月一日根抵当権設定契約により後記物件のうえに設定した根抵当権（昭和四十七年四月一日横浜地方法務局神奈川出張所受付第壱〇〇号登記済）について、昭和五十四年十月一日債務者株式会社山田商店が川本商事株式会社に吸収合併されましたので、担保すべき元本の確定を請求します。

昭和五十四年十月六日　（注2）

住　所　東京都中野区中野
　　　　二丁目二番二号　（注3）

通知人　山田太郎　㊞
（根抵当権設定者）

住　所　東京都千代田区丸の内
　　　　一丁目一番一号
被通知人　株式会社　地方銀行
（根抵当権者）代表取締役
　　　　　　甲野一郎　殿

物件の表示
宅地　横浜市神奈川区西神奈川町壱番
　　　五〇七・七六平方メートル
順位番号壱番

以上
```

（注1）　この通知書は、確定の事実を明確にしておくため、通常、内容証明郵便によって行われるであろう。この確定請求は要式行為でないため、記載内容も自由であり、根抵当権の特定ならびに合併により確定請求をする旨が記載されていれば足りる。

（注2）　根抵当権設定者が合併を知って2週間経過した日、または合併の日から1か月経過した日よりも後の日であれば確定請求の効力が生じないので、この日付に注意すること。

（注3）　この通知書を作成した当時の登記簿上の所有者であること。債務者が所有者でもある場合は、この確定請求はできない。

出典：昭56・3・5民三第1431号民事局長回答（登先239号[21巻8号]115頁）37頁
※条文の表示及び準備書類の説明は、上記回答発出当時のままであるので注意されたい。

　確定前に根抵当権者を分割会社とする会社分割があったときは、根抵当権は、分割の時に存する債権のほか、分割会社及び新設分割による設立会社又は吸収分割による承継会社が分割後に取得する債権を担保する。後記エの確定請求をされた場合を除き、根抵当権は確定しない。

イ　確定前に債務者に会社分割があった場合

　確定前に債務者を分割会社とする会社分割があったときは、根抵当権は、会社分割の時に存する債権のほか、分割会社及び新設分割による設立会社又は吸収分割による承継会社が分割後に負担する債務を担保する。後記エの確定請求をされた場合を除き、根抵当権は確定しない。

ウ　確定前に物上保証人に会社分割があった場合

　確定前に物上保証人に会社分割があった場合については、民法には何らの

Ⅱ　確定事由と確定時期

規定がないので、根抵当権は確定しない。

エ　根抵当権設定者からの確定請求

根抵当権者又は債務者に会社分割があった場合には、根抵当権は当然に準共有又は共用根抵当権となるという効果が一義的に生じるので、これらの場合における根抵当権設定者の利益を保護するため、根抵当権設定者には、自らが債務者として会社分割の当事者となった場合を除き、確定請求権が認められている。

根抵当権設定者による元本確定請求があったときは、元本は会社分割があった時に確定したものとみなされる。ただし、この元本確定請求権は、根抵当権設定者が会社分割を知った日から２週間を経過したとき、又は会社分割の日から１か月を経過したときは行使することができない。

（5）　確定請求（民法398条の19）

ア　根抵当権設定者からの確定請求

根抵当権設定者は、債務者兼設定者又は物上保証人のいずれの立場であっても、根抵当権の設定の時から３年を経過したときは、根抵当権の確定請求をすることができる。３年の期間の計算は民法の原則により、設定の日の翌日を起算日として３年目の応答日の前日をもって満了する（民法140条、141条及び143条）[23]。

確定期日の定めがあるときは、登記の有無にかかわらず確定請求をすることができないが、確定期日の定めを廃止した場合において、根抵当権設定の時より３年経過しているときは、確定請求をすることができる[24]。

根抵当権設定者の確定請求権の放棄・不行使の特約は物権的な拘束力を生じない。したがって、このような特約がある場合においても確定請求の意思表示は有効であり、確定の効力を生じると解されている[25]。

---

[23]　鈴木＝石井編・全書457頁、堀内ほか・前掲注22) 35頁。
[24]　昭52・2・5民三第774号民事局第三課長回答、枇杷田監・一問一答180頁。

確定請求は、要式行為ではないので口頭によっても可能であるが、一般的には内容証明郵便によってなされ[26]、根抵当権設定者の意思表示が根抵当権者に到達した時に効力が生じるが、根抵当権が確定するのは当該到達時から2週間を経過した時である。条件付確定請求又は始期付確定請求も可能であり、この場合には、確定請求の意思表示が根抵当権者に到達した後、条件が成就又は始期が到来した時から2週間を経過した時に根抵当権は確定する[27]。

イ 根抵当権者からの確定請求

根抵当権の確定登記は、原則は根抵当権者と根抵当権設定者との共同申請によるが、確定登記をする必要が生じたときには根抵当権設定者が行方不明となっていたりして、必ずしも根抵当権設定者の協力を円滑に得られるわけではなく、実務上の支障となっていた[28]。根抵当権者があらかじめ根抵当権設定者から元本確定承諾書と元本確定登記用の委任状を要求する実務が行われていた所以である[29]。しかし、根抵当権設定者の協力が得られない場合であって、担保不動産の所有権が第三者に移転されたり、所有者に住所変更等があったときには、担保権の実行として根抵当権者が自ら競売申立てをすることにより元本を確定させるか、確定登記請求訴訟等による対応が必要であった。

平成10年、「金融機関等が有する根抵当権により担保される債権の譲渡の円滑化のための臨時措置に関する法律」(平成10年法律第127号。以下「債権譲渡円滑化法」という)が時限立法の形で制定され、一定の場合に限って、

---

25) 貞家＝清水262頁、商事法務編・解説239頁、鈴木＝石井編・全書464頁。なお、前掲注22)参照。
26) 昭56・3・5民三第1431号民事局長回答、【図表2】参照。鈴木＝石井編・全書458頁、鈴木122頁。
27) 貞家＝清水264頁、清水・逐条解説(中)44頁。
28) 清水・諸問題(下)31頁によれば、立案担当者は根抵当権設定者が確定登記に協力しないという事態を予定していなかったようである。
29) 現在、申請当事者の本人確認及び意思確認を義務化している司法書士会の単位会がある。この方法による場合は、登記申請時の権利者の意思確認が困難であるために、司法書士が申請代理人として登記申請に関与することができない場合もあろう。

Ⅱ　確定事由と確定時期

【図表２】　根抵当権設定後、３年経過による確定請求

(1)　用途（関係条文　民398条ノ19）

確定期日の定めのない根抵当権で、設定後３年を経過した後、根抵当権設定者が確定の請求をした場合

(2)　手続

	書　　類	書　類　上　の　関　係　者
準備書類	参考例 （根抵当権確定請求通知書）	根抵当権設定者
	確委－２号様式	根抵当権者、根抵当権設定者
	根抵当権設定登記済証 （権利証）	根抵当権者
	商業登記簿抄本 （資格証明）	根抵当権者、根抵当権設定者（ただし、東京、大阪、名古屋、横浜の各本局の場合を除き、法人の本・支店の管轄登記所と本件不動産の管轄登記所が同一のときは省略することができる。（不登法施行細則44条ノ８参照））
費用	確委－２号様式収入印紙	第17号文書用
	登録免許税	不動産１個につき1,000円
取扱上の注意	①　この確定請求の通知が到達した時から、２週間を経過した時に元本が確定する。したがって、通知到着後、２週間以内に発生した債権は担保されるが、実務上は、通知をうけたときは、直ちに取引を中止し、新たな貸出をしないように注意すべきである。 ②　この確定請求は要式行為ではないので、必ずしも書面により通知されるとは限らない。したがって、口頭により確定請求をうけることもあるので、この場合は事務処理上十分に注意すること。 ③　確定期日の定めがあればその登記がなされていない場合でも確定請求することはできない。 ④　この確定請求は、根抵当権設定者が債務者であってもさしつかえない。 ⑤　第三取得者もこの確定請求をすることができるが、その時期は、第三取得者が所有権を取得した時から３年経過した時ではなく、根抵当権を設定した時から３年経過した時である。 ⑥　共同担保物件の一つについて確定請求をうけると他の物件全部についても根抵当権は確定する（民398条ノ17②）。 　　これに対し、累積式根抵当の場合には、そのうち１個の根抵当権について確定請求をうけても、他の根抵当権は確定しない。	

1　民法上規定されている確定事由と確定時期

内容證明書用紙	
（根抵当権設定者） 住　所　東京都千代田区丸の内一丁目一番一号 被通知人　株式会社　地方銀行 （根抵当権者）　代表取締役　甲野一郎　殿 横浜市神奈川区西神奈川町壱番宅地　五〇七・七六平方メートル 物件の表示 順位番号壱番 以上	根抵当権確定請求通知書（注１） 私は、昭和四十七年四月一日根抵当権設定契約により後記物件のうえに設定した根抵当権（昭和四十七年四月一日横浜地方法務局神奈川出張所受付第壱〇〇号登記済）について、設定後三年を経過したので、担保すべき元本の確定を請求します。 昭和五十四年十月一日（注２） 住　所　東京都中野区中野二丁目二番二号 通知人　山田太郎㊞（注３）

（注１）　この通知書は、確定の事実を明確にしておくため、通常、内容証明郵便によって行われるであろう。この確定請求は要式行為でないため、記載内容も自由であり、根抵当権の特定ならびに確定請求する旨が記載されていれば足りる。
（注２）　この日付は、根抵当権設定の時から３年を経過していること。
（注３）　この通知書を作成した当時の登記簿上の所有者であること。

出典：昭56・3・5民三第1431号民事局長回答（登先239号[21巻8号]115頁）33頁
※条文の表示及び準備書類の説明は、上記回答発出当時のままであるので注意されたい。

根抵当権者からの確定請求及び根抵当権者の単独申請による確定登記が認められた。また、同年12月16日施行の「競売手続の円滑化等を図るための関係法律の整備に関する法律」（平成10年法律第128号。以下「競売円滑化法」という）により、旧不動産登記法（明治32年法律第24号）119条ノ10（現行不動産登記法93条）[30]が新設され、民法398条の20第１項３号の確定事由によって根抵当権が確定した場合には、所定の書面を添付することによって根抵当権者が単独申請によって確定登記をすることが認められた。しかし、根抵当権者が根抵当権の確定を望む場合のすべてに対応しているわけではなかっ

---

[30]　競売円滑化法により制定された旧不動産登記法（明治32年法律第24号）119条ノ9は、平成16年4月1日施行の改正民法（「担保物権及び民事執行制度の改善のための民法等の一部を改正する法律」平成15年法律第134号。以下「平成16年改正民法」という）により同法119条ノ10に繰り下げられ、根抵当権者の単独申請による確定登記に関する規定が同法119条ノ9として新設された。

た。

　そこで、平成16年改正民法によって、確定期日の定めがある場合を除き、根抵当権者がいつでも確定を請求することができ、根抵当権はその請求の時に確定し（民法398条の19第2項・3項）、根抵当権者がこれによる確定登記を単独で申請することができることとされた（現行不動産登記法93条、旧不動産登記法119条の9）。この根抵当権者からの確定請求は、根抵当権設定者からの確定請求の場合（民法398条の19第1項）とは異なり、根抵当権設定時から3年を経過したことを要しない。根抵当権者からの確定請求は、その請求の効力発生の時、すなわち、根抵当権者の意思表示が根抵当権設定者に到達した時に効力を生じ、根抵当権が確定する[31]。

　平成16年改正民法は、債権譲渡円滑化法の規定よりも内容が広く、債権譲渡の円滑化を図るための一般的、恒久的な措置を講ずるものである。したがって、債権譲渡円滑化法は、平成16年改正民法の施行により廃止された（平成16年改正民法附則15条2号）。なお、平成16年改正民法の施行前に債権譲渡円滑化法3条の規定により根抵当権が確定したとみなされた場合においては、施行後も根抵当権者が単独申請により確定登記を申請することができる（平成16年改正民法附則17条）。

ウ　確定請求の無効・取消し・撤回

　確定請求の無効・取消しについては民法には何らの規定がないが、一般の法律行為と同様に、錯誤、詐欺等により無効又は取消しの対象となる。

　しかし、根抵当権設定者から有効に瑕疵のない意思表示としての確定請求がされた場合には問題である。この点については、確定請求到達後2週間経過前の撤回であれば、確定効は生じていないので、相手方の同意を得て撤回することは可能であるとされている。後順位担保権者、法定代位権者、確定を前提に根抵当権者が根抵当権を処分した場合等の利害関係人が存在している場合にはもちろんのことであるが、これら利害関係人が存在しない場合で

---

[31]　谷口園恵＝筒井健夫編著『改正担保・執行法の解説』47頁（商事法務、平16）。

も確定後は撤回はできないと解されている。なお、確定効が生じた後であっても、当事者がその効果を主張しない限り、第三者が確定の事実を証明するのは困難であるから、事実上撤回を認めたことと同様の結果となることもあり得よう[32]。

エ　特別事情による根抵当権の確定

継続的保証契約については、「任意解約権」と「特別解約権」が判例上認められている。「任意解約権」の要件は、保証期間や保証責任額の限度の定めがないこと、保証契約成立後相当期間が経過したことであり、「特別解約権」の要件は、保証契約時に比して主債務者の信用状態等が著しく悪化するなどの特別な事情変更が生じたことである[33]。

根抵当権は極度額という限度額の定めがあり、担保物件も特定していることを勘案すると、設定後3年以内あるいは確定期日の定めがある場合であっても、設定当時に比して極端に例外的な著しい事情の変更があった等の正当事由があるときは、根抵当権設定者に特別解約権（解約告知権）が認められる余地もあろう[34]。

（6）「取引の終了等」の確定事由の削除

平成16年改正民法の施行前は、根抵当権の確定事由として、旧民法398条の20第1項1号に「担保スベキ債権ノ範囲ノ変更、取引ノ終了其他ノ事由ニ因リ担保スベキ元本ノ生ゼザルコトト為リタルトキ」（以下「取引の終了等」という）があった。この「取引の終了等」による確定は客観的な事実認定の問題であるが、根抵当権者又は債務者にとって必ずしも明確な概念ではなく、

---

[32]　貞家＝清水264頁、商事法務編・解説239頁、清水・逐条解説（中）44頁、堀内ほか・前掲注22）36頁、鈴木123頁。鈴木＝石井編・全書468頁は、確定後に利害関係人が存在しない場合には撤回もあり得るようなコメントをしている。

[33]　西村信雄編『注釈民法（11）』164頁（有斐閣、昭40）。

[34]　最三小判昭42・1・31（民集21巻1号43頁・金法471号25頁）、貞家＝清水265頁、商事法務編・解説144頁、鈴木＝石井編・全書198頁、鈴木120頁、清水・諸問題（下）12頁。

II 確定事由と確定時期

取引当事者以外の第三者には更に認識が困難な場合が多い。ゆえにこれによる確定をめぐって根抵当権設定登記の抹消登記手続請求や配当異議等の訴訟が提起されることも少なからずあり、金融実務上の問題であるとされていた。

一般的に、基本的な継続的取引契約の解約[35]、債務者の取引停止後の行方不明[36]、債務者の倒産による私的整理の終了[37]、金融機関の実質的破綻による事業の全部譲渡[38]等は、「取引の終了等」に該当し、手形不渡りによる取引停止処分のみ[39]では、「取引の終了等」に該当しないとされていた。また、「取引の終了等」による確定は、根抵当権者と根抵当権設定者の間で、取引の可能性が絶無になるとか、確定の合意が成立したこと等によって元本の不発生が客観的に明確となった場合をいい、その認定に当たっては相当に慎重でなければならず、取引当事者が決すべきものと解されていた[40]。

ところが、債権の範囲の変更と同時にその登記がされていない場合[41]、全額肩代わり融資に伴って根抵当権の全部譲渡がされた場合[42]、あるいは根抵当権の被担保債権の残高がゼロの状態が長期間続いた後に取引が再開した場合等において、それ以前に元本が確定している事実があれば、その後の新たな与信取引により発生した債権は当該根抵当権では担保されないことになる。そこで、これらの場合等には、「取引の終了等」により根抵当権が確

---

[35] 大阪高判昭50・3・18（金法753号32頁）、大阪地判昭61・12・26（金法1188号32頁）、東京地判平4・12・7（金法1366号45頁）。
[36] 福岡地判昭52・12・8（金判717号7頁）。
[37] 東京地判平元・8・23（金判849号30頁）。
[38] 東京地判平10・5・22（金法1540号67頁）、東京地判平10・9・25（金法1540号67頁）。
[39] 東京高判昭49・3・19（金法720号34頁）、東京地判昭51・6・15（判タ346号254頁）、名古屋地判昭56・12・11（金判640号37頁）、東京地判平10・4・22（金法1536号53頁）。
[40] 大阪地判昭61・12・26（金法1188号36頁）。
[41] 清水・逐条解説（上）40頁、貞家＝清水93頁は、債権の範囲として定められた既存の取引を変更したがその登記が未了の間において、変更後の取引が現実に行われているときは、特段の事由がない限り、取引の終了により確定したものとは直ちにいえないとする。堀内仁ほか「座談会　新根抵当と金融取引　根抵当の実務はどう変わるか＜第14回＞」金法639号16頁（昭47）。
[42] 根抵当権の全部譲渡について、民法398条の4第3項と同様に元本確定前の登記を効力要件とするか否かについて、I注19）及び注20）参照。

定しないようにするための実務的な対応として、根抵当権設定者、債務者又は根抵当権者（根抵当権の譲渡人）から根抵当権が確定していない旨の念書の提出を受けたり、「根抵当権の一部譲渡→根抵当権の共有者の権利譲渡又は放棄」という２段階方式により全部譲渡を実現する方法が採られていたところである。しかし、事案によっては、後順位担保権者等がより多くの配当を受けるべく配当異議訴訟を提起したり、根抵当権設定者等がより少ない残債の弁済を条件とする根抵当権設定登記の抹消登記手続請求訴訟を提起したりする場合があるのである。

なお、被担保債権の範囲に手形債権・小切手債権（いわゆる回り手形等の債権）が含まれており、債務者の将来的な振出し又は引受けの可能性がある場合には、債権の発生の可能性が絶無になるということはない。しかし、銀行取引等の基本となる取引の附属的存在であるいわゆる回り手形等の債権の発生可能性があるからといって、根抵当権全体が確定しないとみることができるかについては、他の確定事由に比べてそれが生じたか否かが外形的・客観的に明確に判断できないといった指摘もあり、議論のあるところであるが[43]、この問題のみを争点とした判例は見当たらない。

このような問題を受けて、平成16年改正民法によって、旧民法398条の20第１項１号の「担保スベキ債権ノ範囲ノ変更、取引ノ終了其他ノ事由ニ因リ担保スベキ元本ノ生ゼザルコトト為リタルトキ」が削除され、「取引の終了等」による確定の問題が立法的に解決された。しかし、平成16年改正民法施行日前に「取引の終了等」により既に生じた確定効が施行後に覆滅することはないので、注意を要する[44]。

---

43) 堀内ほか・前掲注41）17頁、「匿名座談会 新根抵当法の運用をめぐって」金法645号21頁（昭47）、商事法務編・解説244頁。
44) 平成16年改正民法附則６条。

(7) 根抵当権者による競売若しくは担保不動産収益執行又は物上代位による差押えの申立て（民法398条の20第1項1号）

根抵当権者が抵当不動産について競売の申立てをした場合は、開始決定がされたときに限り、当該申立ての時に根抵当権が確定する[45]。この根抵当権者による競売の申立てには、根抵当権の実行としての競売申立て、同一不動産上の他の担保権に基づく競売申立て、強制執行による競売申立てのいずれの場合も含まれる[46]。

根抵当権者が抵当不動産について担保不動産収益執行の申立てをした場合も、開始決定がされたときに限り、当該申立ての時に根抵当権が確定する。

根抵当権者が抵当不動産について物上代位による差押えの申立てをした場合も、差押えがあったときに限り、当該申立ての時に根抵当権が確定する。なお、目的物の一部について物上代位した場合においても根抵当権は確定する。例えば、根抵当権の目的たる建物が一部焼失し、その部分について支払われる保険金について物上代位すると、当該建物に設定された根抵当権は全部確定する。また、その建物と他の不動産が共同根抵当の関係にある場合には、他の不動産の上の根抵当権も同時に確定する[47]。

これらの場合には、開始決定等による差押えがされた後に取下げ又は取消しがあっても確定効は覆滅しない。

やや特殊な問題として、債権者代位又は転（根）抵当権者等による根抵当権の実行がある。いずれの場合も根抵当権は確定する。ただし、確定事由が民法398条の20第1項1号と3号のいずれに該当するのかについては議論の

---

45) 堀内仁ほか「座談会 新根抵当と金融取引 根抵当の実務はどう変わるか＜第15回＞」金法640号15頁（昭47）によれば、実務上は根抵当権はそれ以前に実質的に確定しているとする。
46) 清水・逐条解説（中）47頁、貞家＝清水268頁、堀内ほか・前掲注41）18頁、鈴木150頁。
47) 清水・逐条解説（中）47頁、貞家＝清水270頁、商事法務編・解説248頁。

あるところであるが、登記実務は、転（根）抵当権者による根抵当権の実行及び根抵当権付債権の質権者による競売申立ては、3号に該当するとの取扱いである[48]。

強制管理（民事執行法93条）の申立ての場合には、開始決定によって差押えの効力を生じるが、目的不動産の換価手続をするものではなく、不動産の収益に対して根抵当権者が優先権を行使するものでもないから、根抵当権は確定しないと解されている[49]。

また、根抵当権と仮登記担保権を併用している場合に、仮登記担保権の本登記請求があっても、これを確定事由とする規定が存しないので、根抵当権は確定しない[50]。

(8) 根抵当権者による滞納処分による差押え（民法398条の20第1項2号）

根抵当権者が抵当不動産に対して滞納処分による差押えをした場合は、根抵当権は当該差押えの時に確定する。「滞納処分による差押え」には、「滞納処分の例による差押え」[51]も含まれる。したがって、この確定事由が適用される根抵当権者は、国又は地方公共団体等である。

滞納処分に係る債権は、当該根抵当権の被担保債権であるか否かを問わない。A税務署が根抵当権を有している抵当不動産にB税務署が滞納処分による差押えをした場合、いずれの権利の帰属主体も国であるため、根抵当権者

---

[48] 商事法務編・解説251頁、鈴木152頁、平9・7・31民三第1301号民事局第三課長回答（登先438号[38巻5号]94頁）。
[49] 貞家＝清水269頁、藤谷定勝「差押えの登記ある不動産に対する根抵当権設定と確定」登先260号[23巻5号]11頁（昭58）。
[50] 鈴木＝石井編・全書451頁。平成16年改正民法施行前は、形式的には確定事由に該当しないが、実質的には「取引の終了等」により確定したといえる。
[51] 国税徴収法による租税債権の強制徴収手続（国税徴収法47条以下）を「滞納処分」という。地方税その他の公租公課のそれは「滞納処分の例」という（地方税法48条1項、行政代執行法6条1項、厚生年金保険法89条、地方自治法231条の3第3項等）。

が抵当不動産に対し滞納処分による差押えをした場合に該当するとして、A税務署の有する根抵当権は確定する[52]。

　根抵当権者が滞納処分による差押えをした後に解除をしても確定効は覆滅しない。

(9)　第三者による競売手続の開始又は滞納処分による差押え（民法398条の20第1項3号・2項）

ア　確定時期

　根抵当権者が第三者による抵当不動産に対する競売手続の開始又は滞納処分による差押えがあったことを知った時から2週間を経過すると根抵当権は確定する。この2週間の期間は、根抵当権者に懸案中の取引の終了等の善後措置を講ずる余裕を与えたり、救済融資の余地を残すためとされている。

　競売手続の開始決定による差押えの効力は、開始決定が債務者に送達された時と登記の時のいずれか早い時に（民事執行法46条1項、188条）、滞納処分による差押えの効力は、差押書が滞納者に送達された時と登記の時のいずれか早い時に生じる（国税徴収法68条2項・4項）。

　競売手続が開始されると、執行裁判所は、差押えの登記前に登記がされた担保権者等に債権届出の催告をする（民事執行法49条2項、87条、188条）。滞納処分庁は、滞納処分による差押えをすると、目的となっている財産に担保権等を有する者にその旨及びその他必要な事項を通知する（国税徴収法55条、同条の例による場合を含む）。根抵当権者が第三者による競売手続の開始又は滞納処分による差押えを知る方法に制限はないが、一般的にはこれらによって当該事実を知ることになる。

　なお、抵当不動産に第三者による仮差押えがされた場合、これを確定事由とする規定はないので、根抵当権は確定しない[53]。

---

52)　清水・逐条解説（中）48頁、貞家＝清水271頁。
53)　鈴木＝石井編・全書451頁。

イ　競売手続の開始又は滞納処分による差押えに後れる新たな根抵当権設定登記の可否

　第三者による競売手続の開始又は滞納処分による差押えが既にされている不動産について新たに根抵当権を設定することは可能であり、この場合に当該根抵当権は確定しない[54]。滞納税額と不動産の担保価値を比較して滞納税の肩代わりをするため、又は、第三者による競売の取下げを前提とした救済融資のため等により、当該差押えに後れる根抵当権設定登記をすることもあり得る。

ウ　二重開始決定がされた場合

　競売手続において二重開始決定がされた場合、先行事件による手続進行中は、後行事件は差押えの登記をした段階で停止状態となる。後行事件に関して二重開始決定に係らない不動産がある場合には、当該不動産については、後行事件により手続が進められる[55]。

　先行事件について、①申立てが取り下げられたとき（民事執行法47条2項）、②手続が取り消されたとき（同項）、③先行事件の手続が停止された場合であって後行事件の差押債権者の申立てにより続行決定がされたとき（同条6項）には、執行裁判所は、先行事件に後れるが後行事件に優先する根抵当権者等に債権届出の催告等をする（民事執行法47条3項、49条2項）。当該根抵当権者は、一般的には、これらの催告等により後行事件の開始決定を知ることとなり、知った時点から2週間を経過した時に根抵当権は確定する。

　したがって、先行事件による差押えと後行事件による差押えとの間に登記を受けた根抵当権は当然には確定しない。また、先行事件が進行している限り当該根抵当権の確定を問題にする実益はない。

　先行事件が停止され後行事件の続行決定がされた後は、先行事件の停止が

---

54)　藤谷・前掲注49）14頁。
55)　最高裁判所事務総局編『民事書記官事務の手引（執行手続―不動産編―）（上）』62頁（法曹会、平元）。

取り消されない限り、先行事件による差押え後に登記を受けた根抵当権者には配当がされず、未確定の配当額は供託される（民事執行法91条1項6号）。先行事件が取り消されないままその停止が解除された場合、先行事件の手続が復帰することはないが、先行事件の差押えが有効に存するものとして、当該差押え後に登記を受けた根抵当権者には配当がされない[56]。先行事件が取り消された場合には、当該根抵当権者は確定債権に基づく優先弁済を受け得る。

エ 滞納処分による差押えが競合した場合又は強制執行等による差押えと滞納処分による差押えが競合した場合

滞納処分による差押えと交付要求若しくは参加差押えの中間に設定登記を受けた根抵当権者、強制執行等による競売開始決定による差押えと滞納処分による差押え又は交付要求若しくは参加差押えとの中間に設定登記を受けた根抵当権者は、一般的には、当該設定登記後にされた競売開始決定に関する債権届出の催告又は滞納処分等に関する通知等によりその後の差押えの事実を知ることになり、その時から2週間を経過した時に根抵当権は確定する。

したがって、先行事件による差押えと後行事件による差押えとの間に登記を受けた根抵当権は当然には確定しない。また、先行事件が進行している限り当該根抵当権の確定を問題にする実益はない。

オ 滞納処分による差押えがされた場合等の根抵当権の優先弁済権

本論とはやや論点が異なるが、滞納処分による差押えがされた場合の根抵当権の優先弁済権の範囲については問題がある。国税徴収法18条1項の規定では、国税に優先する根抵当権の被担保債権の元本の金額は、根抵当権者がその国税に係る差押え又は交付要求の通知を受けた時の債権額を限度とするとされている。しかし、民法398条の20第1項3号の規定では、優先弁済を受け得る根抵当権の被担保債権の元本は、滞納処分による差押えがあったこ

---

[56] 東京地裁民事執行書記官実務研究会編著『不動産の競売手続ハンドブック〔改訂版〕』84頁（金融財政事情研究会、平12）。

とを根抵当権者が知った時から2週間を経過するまでに発生したものとされており、両法の整合性がない。国税徴収法18条1項の規定は、後法である民法398条の20第1項3号によって修正されたとする解釈論もあるが[57]、徴税実務は、差押え後2週間以内に取得した根抵当権の元本債権は、租税債権に劣後する場合と優先する場合があるようである[58]。なお、いわゆる回り手形等の債権については、滞納処分による差押えがあった事実を知って取得したものは、根抵当権の被担保債権から除外されるので問題にはならない（民法398条の3第2項）。

なお、滞納処分による差押えの登記後に根抵当権が設定され、その後に競売手続の開始決定による差押えの登記がある不動産について、強制執行続行決定があったときは、滞納処分による差押えは強制執行による差押え後にされたものとみなされる（滞納処分と強制執行等との手続の調整に関する法律10条1項）。しかし、国税の法定納期限等以前に根抵当権設定登記がされていなければ、国税が根抵当権の被担保債権に優先して配当される（国税徴収法8条、16条）。

また、根抵当権について付記登記による極度額増額の変更登記がされている場合には、その順位は主登記の順位によるが、法定納期限等以前に設定された抵当権の優先等の規定（国税徴収法16条、根抵当権の場合を含む）の適用については、当該付記登記の時に当該増額した債権額について根抵当権等が設定されたものとみなされる[59]。

---

[57] 我妻榮『新訂擔保物權法（第21刷）』540頁（岩波書店、昭43）、鈴木155頁、藤谷・前掲注49）20頁。

[58] 平成23年6月12日現在の国税庁ホームページ中、「国税徴収基本通達主要項目別目次　第18条関係　質権及び抵当権の優先額の限度等」に、国税徴収法18条1項の解釈についての詳細な説明及び配当例の記載がある。これによれば、差押えの通知受領後2週間以内に取得した根抵当権の元本債権は、国税徴収法18条1項本文により劣後する場合と、同項ただし書の適用により優先する場合がある。荒川雄二郎「根抵当権と滞納処分」金法667号7頁（昭47）、堀内ほか・前掲注45）16頁、鈴木155頁。

[59] 国税庁ホームページ・前掲注58）参照。

Ⅱ 確定事由と確定時期

カ 確定効の覆滅

　第三者による競売手続の開始又は滞納処分による差押えの効力が消滅した場合は、根抵当権は確定しなかったものとみなされる。競売手続の開始の効力が消滅した場合とは、競売手続開始決定に対する異議又は抗告により競売手続が取り消された場合や申立てが取り下げられた場合をいい、滞納処分による差押えの効力が消滅した場合とは、差押えの取消しの場合や差押えの解除の場合をいう。

　これらの場合であっても、その効力が消滅する前に、根抵当権が確定したものとしてその根抵当権又はこれを目的とする権利を取得した者[60]があるときは、確定効は覆滅しない。根抵当権が確定したものとしてその根抵当権又はこれを目的とする権利をいつの時点において取得していれば確定効が覆滅しないかについての明確な見解はないが、登記実務上は差押登記が抹消されるまでとされている[61]。また、これらの効力が消滅する前に根抵当権又はこれを目的とする権利を取得した者の当該権利が消滅している場合には、確定効は覆滅すると解されている[62]。

(10) 債務者又は根抵当権設定者の破産（民法398条の20第1項4号・2項）

ア 確定時期

　債務者又は根抵当権設定者が破産手続開始の決定を受けたときは、根抵当権者の知・不知に関係なく、開始決定の時に根抵当権は確定する。

　根抵当権者が破産を申し立てた場合であっても、確定するのは開始決定の時である。この場合、破産申立ては総債権者の利益のためにするものである

---

60) 根抵当権が確定したものとして根抵当権を取得した者とは、確定後の根抵当権の被担保債権につき債権譲渡を受けた者や代位弁済をした者等をいい、根抵当権を目的とする権利を取得した者とは、確定後の根抵当権につき転（根）抵当権の設定を受けた者や根抵当権の順位の譲渡を受けた者等をいう。
61) 平11・3・30民三第642号民事局第三課長回答（登先456号［39巻11号］40頁）。
62) 貞家＝清水277頁。

から、根抵当権者が自己のためにする担保権の実行の場合とは異なり、確定時期について他の権利者との区別をすることは相当ではないとされている[63]。

債務者が破産手続開始決定を受けたときは、知れたる破産債権者等に通知がされる（破産法32条3項）。しかし、物上保証人たる根抵当権設定者が破産手続開始決定を受けた場合、根抵当権者に通知をする規定がないので、根抵当権者は当該事実を当然には知り得ないので注意を要する[64]。

イ　確定効の覆滅

債務者又は根抵当権設定者の破産手続開始決定の効力が消滅したときは、根抵当権は確定しなかったものとみなされる。破産手続開始決定の効力が消滅した場合とは、即時抗告（破産法33条）によって破産手続開始決定が取り消された場合や、破産手続から民事再生手続又は会社更生手続に移行して破産手続が中止された後（会社更生法50条1項、民事再生法39条1項）に更生計画又は再生計画が認可されることによって中止されていた破産手続が失効した場合（会社更生法208条、民事再生法184条）をいう[65]。破産取消しは、破産原因その他破産手続開始決定の要件の不存在を理由に、破産の効力を遡及的に消滅させるものである。

根抵当権者が破産を申し立てたときであっても、破産手続開始決定の効力が消滅した場合は、根抵当権は確定しない。この場合、破産申立ては総債権者の利益のためにするものであるから、根抵当権者が自己のためにする担保権の実行の場合とは異なり、確定効の覆滅について他の権利者との区別をすることは相当ではないとされている[66]。

しかし、破産手続開始決定の効力が消滅する前に、根抵当権が確定したも

---

63)　貞家＝清水274頁、清水・逐条解説（中）49頁。
64)　堀内ほか・前掲注45）17頁、香川保一＝石井眞司「＜特別対談＞根抵当権の確定をめぐる実務上の諸問題と対応策」金法1303号11頁（平3）。
65)　徳田和幸ほか編『現代民事司法の諸相　谷口安平先生古希祝賀』464頁、468頁、469頁〔田原睦夫〕（成文堂、平17）。
66)　貞家＝清水275頁、鈴木＝石井編・全書478頁。

Ⅱ 確定事由と確定時期

のとしてその根抵当権又はこれを目的とする権利[67]を取得した者があるときは確定効は覆滅しない。

破産廃止は、破産手続開始決定による清算手続を目的を達しないまま中止し、適法に存在した破産の効力を将来に向かって消滅させるものである。破産廃止には、財団不足による同時破産廃止（破産法216条）及び異時破産廃止（同法217条）並びに実質的に破産手続開始決定の効力を消滅させるものと解されている同意破産廃止（同法218条、219条）がある。

新根抵当法立案担当者は、確定効は、同時破産廃止の場合は覆滅せず、同意破産廃止の場合は覆滅するとしている[68]。しかし、破産廃止の場合には確定効が覆滅するとする見解もある[69]。これら破産廃止による確定効の覆滅の有無は、登記実務上、その後の確定登記の要否に差異を生じることとなるので、確定的な見解が待たれるところである。

破産管財人が行う権利放棄（破産法78条2項12号）には、破産者に対する実体的請求権の放棄の場合と、換価に値しない破産財団に属する権利を破産財団から除外することにより破産者又は別除権者等の自由処分に委ねるとい

---

67) 前掲注60）参照。
68) 貞家＝清水276頁、清水・逐条解説（中）50頁。立案担当者ではないが、徳田ほか編・前掲注65）464頁〔田原〕は、同意破産廃止の場合に確定効が覆滅するとし、鈴木＝石井編・全書479頁は、同時破産廃止及び異時破産廃止並びに同意破産廃止の場合のいずれも確定効が覆滅しないとする。平12・4・3民三第883号民事局第三課長回答（登先474号[41巻5号]132頁）は、異時破産廃止の場合について、確定効が覆滅しないことを前提にしていると思われる。
69) 「平9・7・31民三第1302号民事局第三課長回答（登記先例解説集38巻5号94頁）の解説」登研603号120頁（平10）、「登記簿『権利放棄』を原因として破産の登記が抹消されている場合における根抵当権の元本確定の登記の要否について」登研658号211頁（平14）、「カウンター相談（152）根抵当権の元本の確定の登記について」登研667号183頁（平15）は、破産廃止（異時破産廃止と同意破産廃止のいずれの場合なのかは不明）の場合には確定効が覆滅するとしており、この見解によれば破産の効力が将来的に消滅した場合にも確定効が覆滅することになると考えざるを得ないが、そうすると、同時破産廃止、破産手続終結（破産法220条）の場合も確定効が覆滅すると解すべきであろうか？私見としては、同意破産廃止の場合には確定効が覆滅し、同時破産廃止、異時破産廃止、破産手続終結の場合には確定効が覆滅しないと解したい。

ういわゆる財団からの放棄の場合がある[70]。少なくとも後者の場合は、破産の効力が消滅したわけではないので、確定効は覆滅しない[71]。

2 複数物件又は複数当事者の場合における確定事由と確定時期

（1） 共同根抵当権

　根抵当権の設定と同時に同一の債権の担保として数個の不動産について根抵当権が設定された旨の登記をした根抵当権を「共同根抵当権」という（民法398条の16）。

　共同根抵当権は、共同根抵当の関係にあるすべての不動産の根抵当権について共通の確定事由が生じた場合においてはもちろんであるが、そのうちの一の不動産についてのみ確定事由が生じた場合においても、すべての不動産について根抵当権が確定する（民法398条の17第2項）。確定は根抵当権の内容の重大な変更であり、権利の内容を異にする共同根抵当権は併存し得ないからである。

　したがって、共同根抵当権が設定されている不動産のうちの一の不動産についてのみ、民法398条の20第1項各号のいずれかの事由が生じた場合においても、所定の時期に共同根抵当権が全体として確定する。

　なお、根抵当権者が、同項3号の確定事由である一の抵当不動産に対する第三者による競売手続の開始又は滞納処分による差押えがあったことを知っ

---

[70] 司法研修所編『破産事件の処理に関する実務上の諸問題』187頁（法曹会、昭60）。
[71] この点について、「カウンター相談（152）」前掲注69）182頁を除き、実体的請求権の放棄の場合の破産の効力については曖昧な記述しかない。

た時から2週間を経過する前に、差押えがされた不動産について根抵当権の登記の抹消をした場合には、残存する根抵当権は確定しない[72]が、同項4号（債務者又は根抵当権設定者の破産）の場合には根抵当権全体が即時に確定する。また、同項3号又は4号については、その確定効が覆滅した場合には、当然にすべての不動産の根抵当権が確定しなかったこととなるが、いずれか1つについてでも確定を前提とした第三者の権利取得がある場合には、確定効は覆滅しない[73]。

根抵当権設定者からの確定請求が、一の不動産についてされると、すべての不動産の根抵当権が確定する。各不動産について根抵当権設定者が異なる場合も、共同根抵当権設定者のうちの一人が単独で確定請求をすれば、共同根抵当権が全体として確定する[74]。

根抵当権者からの確定請求は、各不動産について根抵当権設定者が異なる場合、根抵当権設定者全員に対してする必要がある。したがって、一の不動産の根抵当権設定者に確定請求をするのみでは当該一の不動産についても確定事由が生じたとは言えず、形成的に確定効を生じさせるためには、根抵当権設定者全員に通知が到達することを要し、各根抵当権設定者に通知が到達した日のうちの最も遅い日に根抵当権が確定する。共同根抵当権の目的たる不動産の1つについて確定事由が生じた場合とは状況が異なると説明されている[75]。

（2） 共有不動産の全部を目的とする根抵当権

一の不動産を数人で共有している場合において、当該共有者全員の持分全部（当該一の不動産全体）を目的として根抵当権を設定することができる。

---

72) 昭和50年度法務局地方法務局登記課長会同第5問（登研342号68頁）。
73) 貞家＝清水278頁。
74) 貞家＝清水264頁、我妻・前掲注57) 536頁。
75) 「カウンター相談(170) 民法第398条の19第2項の規定による元本の確定請求の相手方について」登研698号259頁（平18）。

共有不動産についての根抵当権設定者からの確定請求は、根抵当権設定者を異にする共同根抵当権の場合との対比で疑問はあるものの、共有者全員によってされることを必要とする。根抵当権の確定は、必ずしもすべての根抵当権設定者にとって有利なものとは限らないため、単純な保存行為又は管理行為と解するのは相当でないと解されているからである[76]。

　根抵当権者からの確定請求は、共有者（各根抵当権設定者）全員に対してする必要がある。確定請求により形成的に確定効を生じさせるためには、共有者全員に通知が到達することを要し、各共有者に通知が到達した日のうちの最も遅い日に根抵当権が確定する。共有者の一人のみに確定事由が生じた場合とは、状況が異なると説明されている[77]。

　これに対して、根抵当権設定者である共有者の一人のみに確定事由が生じた場合には、当該不動産全体に設定された根抵当権が確定する。他の共有者からの制約があるとはいえ、共有持分は不動産全体に権利を有する観念的なものであり、根抵当権の目的も当該不動産全体の交換価値を把握していると考えられ、根抵当権設定者である共有者の一人について確定事由が生じれば、根抵当権全体が確定すると解されている[78]。具体的には、根抵当権設定者である共有者の一人について、民法398条の20第1項各号に該当する事由が生じた場合であろう。

(3) 共有根抵当権

　根抵当権者が複数である根抵当権を「共有根抵当権」という。確定前の共有根抵当権には、設定当初から共有根抵当権である場合と、設定当初は単有の根抵当権であったものが一部譲渡又は共同相続により後発的に共有根抵当

---

[76] 貞家＝清水263頁、商事法務編・解説241頁、我妻・前掲注57）536頁、「質疑応答【6496】」登研443号94頁（昭59）。
[77] 「カウンター相談（170）」前掲注75）259頁。
[78] 「登記簿　担保提供者の一人の持分に破産の登記がされた場合の根抵当権の確定について」登研649号197頁（平14）。

II 確定事由と確定時期

権となる場合とがある。

　共有根抵当権は、すべての共有根抵当権者について確定事由が生じたときに根抵当権が確定する。共有根抵当権者の一人についてのみ確定事由が生じたとしても、その確定債権が根抵当権全体の被担保債権の範囲の中に包含されている形となるにすぎず、根抵当権全体としては確定しない[79]。したがって、特定の共有根抵当権者に確定事由が生じていても、根抵当権全体が確定するまでは、当該共有根抵当権者は、他の共有根抵当権者及び根抵当権設定者とともに、確定前の根抵当権としての変更又は処分等をすることができる[80]。

　根抵当権設定者からの確定請求は、共有根抵当権者の全員に対してしなければ根抵当権は全体として確定しない。この確定請求は共有根抵当権者の全員に対して同時にする必要はなく、個別に確定請求をした場合には最後の一人に対する確定請求が到達した時に根抵当権全体が確定する[81]。この場合、各共有根抵当権者が優先弁済権を主張し得る元本債権は、共有根抵当権者それぞれに確定請求が到達した時から2週間を経過するまでに発生したものに限定される[82]。

　共有根抵当権者のうちの法人である根抵当権者の一人について合併があった場合における確定請求の効果については議論がある。

　根抵当権設定者が確定請求をすれば、根抵当権は他の共有根抵当権者に対する関係においても確定するので、確定請求の意思表示は他の共有根抵当権者に対してもする必要があり、この場合には根抵当権全体が確定するとする説[83]と、根抵当権設定者は当該合併に係る法人のみに対する確定請求権を取得するにとどまり、これにより確定請求を受けた共有根抵当権者に対する

---

79) 貞家＝清水142頁、225頁、第3課編・実務109頁、鈴木＝石井編・全書484頁、枇杷田監・一問一答133頁、「カウンター相談（77）根抵当権の共有者の一人に確定事由が生じた場合の確定の有無等について」登研588号162頁（平9）。
80) 貞家＝清水142頁、「カウンター相談（77）」前掲注79）162頁。
81) 貞家＝清水262頁、商事法務編・解説242頁。
82) 貞家＝清水262頁。
83) 貞家＝清水159頁、清水・逐条解説（中）27頁。

関係では確定するが、他の共有根抵当権者に対する関係では確定せず、他の共有者について確定事由がない限り、根抵当権全体としては確定しないとする説[84]がある。

確定前に共有根抵当権者の一人が根抵当権の実行をすることは可能であると解されている[85]。この場合、申立人たる共有根抵当権者については申立ての時に、他の共有根抵当権者については当該差押えがあったことを知った時から2週間を経過した時にそれぞれ確定の状態を生じ、根抵当権全体としては申立人以外の共有根抵当権者の全員が当該差押えがあったことを知った時から2週間を経過した時に確定するとする説[86]と、根抵当権の実行による申立て時に民法398条の20第1項1号によって根抵当権全体が確定するとする説[87]がある。登記実務は、根抵当権の一部譲渡を受けた者が根抵当権を実行した場合は、1号に該当するとの取扱いである[88]。

第三者による競売手続の開始等による差押えがされた場合、共有根抵当権者全員が当該事実を知った時から2週間を経過した時に根抵当権が全体として確定する[89]。しかし、優先弁済権を主張し得る元本債権は、各共有根抵当権者が当該差押えがあったことを知った時から2週間を経過した時における額であるとされている[90]。

共有根抵当権者のうちの一人に対する債務者（根抵当権者が複数であり、かつ、債務者も複数である「共有共用根抵当権」も存在し得る。**(4)**参照）

---

[84] 鈴木460頁。
[85] 堀内仁「根抵当権の共有」金法636号44頁（昭47）、鈴木450頁、商事法務編・解説213頁。一方、我妻・前掲注57）526頁は、競売申立ても共有者全員が共同してなすべきとする。
[86] 堀内・前掲注85）43頁、鈴木450頁。
[87] 商事法務編・解説213頁。
[88] 平9・7・31民三第1301号民事局第三課長回答。
[89] 「平10・10・23民三第2069号民事局長通達（登記研究612号153頁の解説）」登研613号151頁（平11）、鈴木459頁、商事法務編・解説215頁。
[90] 鈴木459頁。商事法務編・解説216頁は、優先弁済の範囲については異論の余地もあるとする。

に破産手続開始の決定があった場合には根抵当権は確定しない[91]。

（4） 共用根抵当権

債務者が複数である根抵当権を「共用根抵当権」という。確定前の共用根抵当権には、設定当初から共用根抵当権である場合と、設定当初は単独債務者の根抵当権であったものが債務者変更等により後発的に共用根抵当権となる場合とがある。

根抵当権上における債務者の地位は、確定時における被担保債権の範囲を確定する基準の1つであり、複数の債務者のうちの一人についてのみ確定事由が生じたとしても、その確定債権が根抵当権全体の被担保債権の範囲の中に包含されている形となるにすぎず、根抵当権全体としては確定しない。最後の債務者について確定事由が生じた時に根抵当権全体が確定する。共用根抵当権の債務者の一人について確定事由が生じても、根抵当権全体が確定するまでは、根抵当権者と根抵当権設定者の意思によって債務者又は被担保債権の範囲を変更することができる[92]。

共用根抵当権の法人である債務者の一人について合併があった場合における確定請求の効果については議論がある。

根抵当権設定者が確定請求をすれば、根抵当権は他の債務者に対する関係においても確定するので、根抵当権全体が確定するとする説[93]と、根抵当権設定者は債務者の一人の合併を理由に根抵当権者に対して確定請求権を行使し得るが、その効果としては当該合併に係る債務者についてのみ確定し、他の債務者について確定事由がない限り、根抵当権全体としては確定しないとする説がある[94]。

---

91) 商事法務編・解説214頁。
92) 貞家＝清水146頁、鈴木＝石井編・全書485頁、「質疑応答【7136】」登研515号254頁（平2）。
93) 貞家＝清水159頁。
94) 鈴木460頁。

3 倒産手続等と確定

(1) 会社更生手続

　債務者兼根抵当権設定者、物上保証の場合における債務者又は物上保証人に会社更生手続が開始しても根抵当権は確定しない（会社更生法104条7項参照）。会社更生手続開始と根抵当権の確定については、確定説と不確定説が対立していたが、平成15年4月1日施行の会社更生法（平成14年法律第154号）によって立法的に解決された。

　更生手続開始の決定によっては根抵当権は確定しないが、優先弁済権の範囲については更生担保権としての制約を受けることになる（会社更生法2条10項）。更生手続開始の決定後の共益債権が当然に被担保債権になるか否かについては見解が分かれている[95]。

　根抵当権設定から3年を経過している場合において、債務者について更生手続が開始し物上保証人がいる場合には物上保証人（根抵当権設定者）、物上保証人について更生手続が開始した場合にはその更生管財人（根抵当権設定者の更生管財人）は、確定請求（民法398条の19第1項）をすることができる。なお、当該期間経過前であっても事情変更を理由とした確定請求が認められる場合もあろう[96]。また、根抵当権者はいつでも確定請求（民法398条の19第2項）をすることができる。

　会社更生手続においては、強制執行又は更生担保権の実行等をすることができない（会社更生法50条1項）ので、民法398条の20第1項1号・3号に

---

[95]　全国倒産処理弁護士ネットワーク編『倒産手続と担保権』76頁〔中井康之〕（金融財政事情研究会、平18）。
[96]　徳田ほか編・前掲注65）484頁、485頁〔田原〕。

よる確定はない。例外として、更生担保権の実行禁止が解除された後（会社更生法50条7項）又は共益債権に基づいて競売申立て等がなされた場合には、根抵当権が確定する（民法398条の20第1項1号・3号）[97]。また、更生手続開始の決定後の滞納処分をすることができない期間（会社更生法50条2項・3項）は、民法398条の20第1項2号による確定はない。

会社更生手続開始の決定前に申し立てられた競売手続等により確定した根抵当権は、更生計画認可の決定による当該競売手続等の失効（会社更生法208条）により申立債権者の根抵当権を除いて確定効が覆滅する（民法398条の20第2項）。また、確定効が覆滅しないまま実行されることもあり得る（会社更生法50条5項1号）。

担保権消滅請求がされた場合には、許可決定書が根抵当権者に送達された時から2週間を経過した時に、根抵当権は確定する（会社更生法104条7項）。申立ての取下げ又は許可の取消しがあった場合には確定効は覆滅する（会社更生法104条8項、民法398条の20第2項）。

更生計画認可の決定後の根抵当権の取扱いについては理論的に明確ではない部分もあるので、更生計画において根抵当権の確定の有無等の根抵当権の処遇についての定めが置かれることもある。

会社更生手続開始申立て後に破産手続に移行した場合（牽連破産）には、破産手続開始の決定によって根抵当権が確定する。

破産手続開始後に会社更生手続が開始し、更生計画が認可されたときは、破産手続は失効する（会社更生法208条）こととなり、破産手続開始の決定により生じた確定効が覆滅する（民法398条の20第2項）。

（2） 民事再生手続

根抵当権設定者又は債務者について民事再生手続が開始しても根抵当権は

---

[97] 德田ほか編・前掲注65）485頁〔田原〕は、物上保証人に会社更生手続が開始した場合、その後に発生した被担保債権に基づく実行はできないとする。

確定しない（民事再生法148条6項参照）。民事再生手続開始の決定後の共益債権が当然に被担保債権になるか否かについては見解が分かれている[98]。

　根抵当権設定から3年を経過している場合、根抵当権設定者は、確定請求（民法398条の19第1項）をすることができる。なお、当該期間経過前であっても事情変更を理由とした確定請求が認められる場合もあろう[99]。また、根抵当権者はいつでも確定請求（民法398条の19第2項）をすることができる。

　民事再生手続においては、根抵当権は別除権であり、再生手続外で行使することができる（民事再生法53条）。これにより、根抵当権の実行がされた場合には、根抵当権は確定する（民法398条の20第1項1号・3号）。

　担保権消滅請求がされた場合には、許可決定書が根抵当権者に送達された時から2週間を経過した時に、根抵当権は確定する（民事再生法148条6項）。申立ての取下げ又は許可の取消しがあった場合には確定効は覆滅する（民事再生法148条7項、民法398条の20第2項）。

　民事再生手続開始申立て後に破産手続に移行した場合（牽連破産）には、破産手続開始の決定によって根抵当権が確定する。

　破産手続開始後に民事再生手続が開始し、再生計画が認可されたときは、破産手続は失効する（民事再生法184条）こととなり、破産手続開始の決定により生じた確定効が覆滅する（民法398条の20第2項）。

（3）　特別清算

　根抵当権は、法人に特別清算開始の命令がされた事実のみによっては、当然には確定しない。特別清算の手続における根抵当権者と債務者の協議によって根抵当権の取扱いが定まる。根抵当権設定者又は根抵当権者が確定請求をすることにより根抵当権を確定させることもできる[100]。

---

98)　全国倒産処理弁護士ネットワーク編・前掲注95）71頁〔中井〕。
99)　全国倒産処理弁護士ネットワーク編・前掲注95）69頁〔中井〕。
100)　貞家＝清水279頁、全国倒産処理弁護士ネットワーク編・前掲注95）9頁〔田原〕。

（4） 解　散

　法人は、解散後も清算の目的の範囲内において取引能力を有するので、法人の解散によって根抵当権が当然に確定することはない。根抵当権設定者又は根抵当権者が確定請求をすることにより根抵当権を確定させることができる[101]。

（5） 清算結了

　法人である債務者（根抵当権設定者は物上保証人）が清算結了した場合に根抵当権は確定するのであろうか。

　平成16年改正民法施行前は、「取引終了等により確定した」と解して差し支えないと考える。しかし、平成16年改正民法施行後は「取引終了等により確定することはない」とも考えられる反面、債務者不在の根抵当権が存在し得るのであろうかという疑問もあるところであるが、明らかではない。

（6） 使用裁決手続開始の登記

　根抵当権設定登記がされた不動産について、土地収用法45条の２による使用裁決手続開始の登記がされた場合であっても、根抵当権は確定しない。使用裁決手続開始の登記には、その登記後の権利変動を起業者に対抗できなくなるという処分制限の効果がある。しかし、この場合に根抵当権が確定するとの明文の規定がなく、また、使用裁決は、一定期間当該土地の処分及び使用を制限し、その期間経過後は以前の権利関係が復活するのであり、換価手続が開始される競売開始決定等とは性質を異にすると解されているからである[102]。

101）　貞家＝清水279頁。
102）　「質疑応答【7312】」登研535号176頁（平４）、房村精一「ケーススタディ　最近の根抵当登記実務の問題点」登先376号[33巻３号]32頁（平５）。

III
確定登記の要否

Ⅲ 確定登記の要否

1　確定登記を必要としない３つの場合

　根抵当権の確定は、その前後によって根抵当権の法的性質を著しく変化させ、根抵当権の内容に極めて重要な変更を与える。そのため、物権変動の過程を忠実に公示するという不動産登記法の趣旨からすれば、根抵当権が確定した場合には、以後の法律関係に混乱を生じさせないためにも、当然に登記すべきものであると言える。

　しかし、根抵当権の確定の効果は、民法上の確定事由が発生すれば絶対的に生じるものであり、確定の登記はその効力要件となるものではない。また、根抵当権の確定後の譲渡・処分等の効力は、登記記録上根抵当権の確定登記がされていなくとも生じるものであり、根抵当権が確定していることの公示を欠いていても、その効力に影響はない。

　ところが、根抵当権の確定後でなければすることができない登記の申請をする場合には、原則として、確定登記をする必要がある[1]。これは、登記実務的には、確定登記がされていなければ、登記記録上は当該根抵当権は確定していないものと扱わざるを得ないことから、確定後の根抵当権の譲渡・処分等を第三者に対抗するための前提として、根抵当権設定者が行方不明又は確定登記に非協力である等の事情を問わず[2]、確定登記が必要とされているのである。

　ただし、昭46・12・27民三発第960号民事局第三課長依命通知（登先128号［12巻３号］55頁）第七ただし書の次の３つの場合には、根抵当権の元本が確

1）　昭46・12・27民三発第960号民事局第三課長依命通知（登先128号［12巻3号］55頁）第七。
2）　昭54・11・8民三5731号民事局第三課長回答（登先224号［20巻４号］3頁）。

定していることが登記記録上明らかであるので、例外的に確定登記を必要としないとしている（条文は現在のものに変更している）。

① 登記記録上の確定期日が既に到来しているとき（以下「例外①」という）
② 根抵当権者又は債務者について相続による移転又は変更の登記がなされた後、民法398条の8第1項及び第2項の合意の登記がなされないまま6か月を経過しているとき（以下「例外②」という）
③ 民法398条の20第1項1号・2号、又は4号の規定により確定していることが登記記録上明らかなとき（以下「例外③」という）

なお、登記記録上確定したことが明らかでないのに、確定登記をしないまま確定債権譲渡による根抵当権全部移転の登記が経由されてしまった後に、更に債権譲渡をして根抵当権移転の登記を申請する場合には、確定登記を申請することを要しない。本来は確定登記を経由すべきところであったが、当該登記なくしてされた根抵当権全部移転の登記の登記原因として「確定債権譲渡」と記録されていることによって、根抵当権が確定していることが形式的に確認できるので、この時点で改めて確定登記を求めることは要しないとされている[3]。

では、確定後でなければすることができない根抵当権の譲渡・処分等の仮登記を、確定を停止条件として確定前にすることができるであろうか。

まず、確定を停止条件とする順位の譲渡又は放棄を認めることは、実質的には確定前の順位の譲渡又は放棄を認めることになる。仮に実体的にはこれらが認められるとしても、確定後でなければすることができない登記は、登記記録上確定していることが明らかでない限り、前提として確定登記を必要とするのである。いずれにしても、新根抵当法の趣旨を没却するので、確定を停止条件とする順位の譲渡又は放棄の登記は、仮登記であってもすること

---

[3] 枇杷田監・一問一答164頁、「質疑応答」登研327号37頁（昭50）。

ができない[4]。

　さらに、仮登記によって保全することができる権利は、仮登記申請時点で既に効力を生じている物権変動に基づく権利又は効力は発生していないものの物権変動を目的として既に発生している請求権であるところ、確定後の代位弁済による根抵当権の移転請求権は、確定後に初めて生じるものである。また、確定後に代位弁済するということは単なる合意であって停止条件とはなり得ない。したがって、いずれにしても、確定前には、民法501条1号の代位付記の仮登記をすることができない[5]。

2　民法上規定されている確定事由と確定登記の要否

(1)　確定期日の到来（民法398条の6）

　確定期日の定めが登記されている場合であって、その期日が既に経過している場合には、確定登記を要しない。例外①に該当する。

　なお、登記された確定期日前に他の確定事由が発生したことにより根抵当権が確定した場合には、確定登記をすることができるのは当然である[6]。したがって、登記された確定期日より前に根抵当権が確定し、その後にされた確定後の根抵当権の譲渡・処分等についての登記を申請する場合には、その前提として確定登記を要することとなる。

---

4)　枇杷田監・一問一答162頁。
5)　枇杷田監・一問一答163頁。
6)　第3課編・実務154頁、貞家＝清水111頁、枇杷田監・一問一答171頁、「質疑応答」登研319号50頁（昭49）。

（2） 相続（民法398条の8）

　根抵当権者又は債務者について相続による移転又は変更の登記がされた後、民法398条の8第1項及び2項の合意の登記がされないまま6か月を経過しているときは、確定登記を要しない。例外②に該当する。昭46・12・27民三発第960号民事局第三課長依命通知第七ただし書では、「相続による移転又は変更の登記がなされた後」とされているが、この6か月の起算日は、「登記申請日」ではなく、「登記の原因日付＝相続が開始した日」であると解されている[7]。

　そのため、根抵当権者又は債務者の死亡後6か月を経過した後に相続による移転又は変更の登記を申請した場合にも、結果として根抵当権が確定していることが公示され、例外②に該当することとなると考えられる。したがって、その後に確定後の根抵当権の譲渡・処分等の登記をする場合には確定登記をすることを要しない[8]。

　同様に、根抵当権の債務者の死亡後、民法398条の8第2項の登記をすることなく6か月を経過し、根抵当権が確定した後に債務者の相続による根抵当権の変更登記をする場合にも、その前提として確定登記は不要である[9]。

　根抵当権設定者兼債務者Aについて、所有権の登記名義人についてはAからBに相続の登記がされ、既に6か月を経過していても、確定後でなければすることのできない登記を申請する場合には、前提として確定登記又は債務者の相続による根抵当権の変更登記を申請することを要する。根抵当権設定者である被相続人と根抵当権の債務者の住所及び氏名が一致していれば、両者は同一人であり、根抵当権の債務者にも相続が開始しているという推認が

---

[7]　中村隆＝三井龍雄「事例研究　二　根抵当権の確定後でなければなしえない登記申請」登先178号［16巻5号］114頁（昭51）、清水勲＝三井龍雄「事例研究　一　根抵当権の債務者の相続と確定の登記」登先182号［16巻10号］114頁～115頁（昭51）。
[8]　中村＝三井・前掲注7）114頁、清水＝三井・前掲注7）115頁。
[9]　「質疑応答【7256】」登研529号161頁（平成4）。

Ⅲ　確定登記の要否

できるので、その同一人について相続による所有権の移転の登記がされた後、民法398条の8第2項の合意の登記がされないまま6か月経過している場合には、根抵当権は確定していると推認できるという考え方もある。しかし、住所と氏名が一致しているからといって、これらの者を同一人と断定することはできず、また、根抵当権設定者の死亡は確定事由ではないところ、根抵当権設定者の死亡前に根抵当権の債務者の変更がされている可能性もある。したがって、根抵当権設定者の死亡後6か月を経過したからといって当然に根抵当権が確定するわけではない[10]。

（3）　合併（民法398条の9）

　根抵当権者又は債務者たる法人について合併があった場合であって、根抵当権設定者が確定請求をしたことにより根抵当権が確定したときは（Ⅱ1（3）参照）、例外①②③のいずれにも該当しないので、確定登記を必要とする。

（4）　会社分割（民法398条の10）

　根抵当権者又は債務者たる法人について会社分割があった場合であって、根抵当権設定者が確定請求をしたことにより根抵当権が確定したときは（Ⅱ1（4）参照）、例外①②③のいずれにも該当しないので、確定登記を必要とする。

（5）　確定請求（民法398条の19）

　根抵当権設定者又は根抵当権者が確定請求をしたことにより根抵当権が確定した場合は（Ⅱ1（5）参照）、例外①②③のいずれにも該当しないので、確定登記を必要とする[11]。

---

10)　中村＝三井・前掲注7)　110頁〜111頁。
11)　第3課編・実務158頁。

（6） 根抵当権者による競売若しくは担保不動産収益執行又は物上代位の申立て（民法398条の20第1項1号）

ア　競売若しくは担保不動産収益執行の場合

　根抵当権者による競売若しくは担保不動産収益執行の申立てについて開始決定がされると、執行裁判所は直ちに管轄登記所に差押えの登記の嘱託をする（民事執行法48条、188条、111条）。この場合、例外③に該当するので、確定登記を必要としない。

　根抵当権者が同一の抵当不動産に複数の根抵当権の設定を受けている場合、当該根抵当権者が抵当不動産について競売若しくは担保不動産収益執行の申立てをすれば、当該抵当不動産の根抵当権のいずれについても、確定登記をすることなく確定後の根抵当権の譲渡・処分等の登記の申請をすることができる[12]。当該複数の根抵当権について債務者を異にする場合であっても同様である[13]。

　なお、競売開始決定若しくは担保不動産収益執行開始決定に係る差押えの登記は、【図表3】の不動産登記記録例を参照されたい[14]。

　根抵当権者による競売若しくは担保不動産収益執行の申立てについて開始決定がされた後、取下げによって当該差押えの登記が抹消されている場合でも確定登記を要しない[15]。開始決定による差押えがされた後に取下げ又は取消しがあっても確定効は覆滅せず（Ⅱ1（7）参照）、この場合には、差押

12）「質疑応答【5549】」登研370号72頁（昭53）。
13）「質疑応答【5858】」登研396号103頁（昭55）。
14）平21・2・20民二第500号民事局長通達「権利に関する登記」第十七・一1、第十七・四1・5。強制競売開始決定に係る差押えの登記について【図表3】622等、担保権の実行としての競売開始決定に係る差押えの登記については【図表3】657等、担保不動産収益執行開始決定に係る差押えの登記については【図表3】667参照。
15）枇杷田監・一問一答166頁、「新根抵当権登記便覧（補遺―下―）」登研327号37頁（昭50）、「質疑応答【6948】」登研485号119頁（昭63）。

Ⅲ　確定登記の要否

【図表３】　平21・2・20民二第500号民事局長通達「権利に関する登記」不動産登記記録例（抜粋）

第十七　民事執行に関する登記

一　強制執行に関する登記
　　1　不動産に対する強制執行に関する登記
　　　（一）　強制競売開始決定に係る差押えの登記
　　　　（1）　所有権の場合　622

権　利　部　（甲区）		（所有権に関する事項）	
順位番号	登記の目的	受付年月日・受付番号	権利者その他の事項
何	差押	平成何年何月何日第何号	原因　平成何年何月何日何地方裁判所（支部）強制競売開始決定 債権者　何市何町何番地 　　　　何　某

四　担保権の実行としての競売に関する登記
　　1　担保権の実行としての競売開始決定に係る差押えの登記
　　　（一）　所有権の場合　657

権　利　部　（甲区）		（所有権に関する事項）	
順位番号	登記の目的	受付年月日・受付番号	権利者その他の事項
何	差押	平成何年何月何日第何号	原因　平成何年何月何日何地方裁判所（支部）担保不動産競売開始決定 債権者　何市何町何番地 　　　　何　某

　　5　担保不動産収益執行開始決定に係る差押えの登記　667

権　利　部　（甲区）		（所有権に関する事項）	
順位番号	登記の目的	受付年月日・受付番号	権利者その他の事項
何	差押	平成何年何月何日第何号	原因　平成何年何月何日何地方裁判所（支部）担保不動産収益執行開始決定 債権者　何市何町何番地 　　　　何　某

第十九　滞納処分に関する登記
一　差押えの登記
　1　通常の場合
　　（一）　所有権　689

権　利　部　（甲区）		（所有権に関する事項）	
順位番号	登記の目的	受付年月日・受付番号	権利者その他の事項
何	差押	平成何年何月何日第何号	原因　平成何年何月何日何税務署（又は何県何税務事務所）差押 債権者　財務省（又は何県）

　3　参加差押えの場合　693

権　利　部　（甲区）		（所有権に関する事項）	
順位番号	登記の目的	受付年月日・受付番号	権利者その他の事項
何	参加差押	平成何年何月何日第何号	原因　平成何年何月何日何税務署（又は何県何税務事務所）参加差押 債権者　財務省（又は何県）

登記が抹消されても[16]、根抵当権が確定したことは登記記録上明らかであるからである。

イ　物上代位の場合

　根抵当権者の物上代位による差押えの申立てについて債権差押命令が発令された場合には、差押えの効力は差押命令が第三債務者に送達された時に生じ（民事執行法145条4項）、根抵当権は当該申立ての時に確定することとなる。物上代位の目的物は、抵当不動産についての売買代金請求権、賃料債権[17]

---

[16]　登記記録上、差押えの登記に抹消する記号（下線）が記録される。既にされた差押えの登記が削除されるわけではない。

[17]　最二小判平元・10・27（民集43巻9号1070頁・金法1247号24頁）、最二小判平10・1・30（民集52巻1号1頁・金法1508号67頁）、最三小判平10・2・10（金法1508号67頁）等。

又は転貸賃料債権[18]）、火災保険等の保険金請求権[19]）、土地区画整理法等による換地処分が行われた場合や土地収用法によって土地が公用徴収された場合における清算金又は補償金交付請求権[20]）等の請求権である。したがって、根抵当権が設定されている不動産に差押登記が嘱託されるわけではないので、登記記録上当該差押えの有無については不明であり、例外①②③のいずれにも該当しないので、確定登記を必要とする。

（7） 根抵当権者による滞納処分による差押え（民法398条の20第1項2号）

根抵当権者が滞納処分により不動産を差し押さえたときは、差押えの登記を嘱託する（国税徴収法68条3項）。この場合、例外③に該当するので、確定登記を必要としない。

A税務署が根抵当権を有している抵当不動産にB税務署の滞納処分による差押えの登記がされた場合[21]）、いずれの権利主体も国であるため、根抵当権者が滞納処分により不動産を差し押さえたことになり、これにより、A税務署の根抵当権も確定するから、この場合も例外③に該当し、確定登記を必要としない。

（8） 第三者による競売手続の開始又は滞納処分による差押え（民法398条の20第1項3号・2項）

第三者による競売手続の開始又は滞納処分による差押えがされた場合にお

---

18) 最二小決平12・4・14（民集54巻4号1552頁・金法1585号30頁）は、抵当不動産の賃借人（転貸人）を所有者と同視することを相当とする場合には、抵当権者は、その賃借人（転貸人）が取得すべき転貸賃料債権に対して、抵当権に基づく物上代位権を行使することができるとする。
19) 最高裁判所事務総局編『民事書記官事務の手引（執行手続―債権編―）』97頁（法曹会、平2）、国税徴収法53条参照。
20) 大決昭5・9・23（民集9巻11号918頁）。
21) 平21・2・20民二第500号民事局長通達「権利に関する登記」第十九・一1（一）、第十九・一3、【図表3】689、693参照。

いては、他の事由により根抵当権が確定したことが登記記録上明らかでない限り、確定登記を必要とする[22]。例外①②③のいずれにも該当せず、根抵当権者が当該競売手続開始の決定又は滞納処分による差押えの事実を知った時が登記記録上明らかではなく、当該根抵当権が確定したことも明らかではないためである。

第三者による競売手続の開始又は滞納処分による差押えがされた場合には、競売手続開始後の執行裁判所による債権届出の催告（民事執行法49条2項、87条、188条）、滞納処分後の滞納処分庁による差押えに関する通知（国税徴収法55条、同条の例による場合を含む）等によって、根抵当権者は、一般的には当該事実を知ることとなり、その時から2週間を経過すると根抵当権が実体的に確定する（Ⅱ1（9）参照）。そのため、当該差押えの登記後2週間以上を経過していれば、根抵当権者が当該差押えの事実を知ってから2週間を経過しており、根抵当権が確定している可能性が高いと推測することができる。しかし、根抵当権者が差押えの事実を知った時が登記記録上明らかでなく、したがって根抵当権が確定したことも登記記録上明らかではない。登記手続上は、登記記録に確定日が反映されない限り、確定日を特定することができず、根抵当権の確定が公示されたとはいえないことから確定登記を必要とするのである。

ちなみに、第三者による競売手続の開始又は滞納処分による差押登記がされた後2週間以上を経過した場合であっても、確定登記がされず、また、他の事由により登記記録上根抵当権が確定していることが明らかでないときは、確定前でなければすることができない登記の申請をすることができる[23]。これは、前述のとおり、登記記録上は根抵当権が確定していることが明らか

---

[22] 清水・諸問題（下）19頁、枇杷田監・一問一答169頁、「質疑応答【5083】」登研318号75頁（昭49）、「新根抵当権登記便覧（補遺一下一）」登研327号36頁（昭50）、「質疑応答【7461】」登研559号152頁（平6）。
[23] 第3課編・実務162頁、枇杷田監・一問一答167頁、「カウンター相談（3）第三者の差押えと根抵当権の確定について」登研514号146頁（平2）。

Ⅲ　確定登記の要否

ではないからである。しかし、確定前でなければすることができない登記の申請が受理されたとしても、根抵当権が確定していれば、当該登記が実体的に無効であることはもちろんである。なお、民法398条の20第2項により当該根抵当権の確定効が覆滅して、結果的に当該登記が実体的に有効となる場合もあり得よう[24]。

　第三者による競売手続の開始又は滞納処分による差押えの効力が消滅した場合は、根抵当権は確定しなかったものとみなされる（民法398条の20第2項本文）。しかし、この場合であっても、その効力が消滅する前に、根抵当権が確定したものとしてその根抵当権又はこれを目的とする権利を取得した者があるときは、確定効は覆滅しない（同項ただし書）。当該権利をいつの時点において取得していれば確定効が覆滅していないものとして扱われるかについて、登記手続上は、平11・3・30民三第642号民事局第三課長回答（登情456号40頁）により、差押登記が抹消されるまでの間に根抵当権又はこれを目的とする権利を取得していれば、根抵当権の確定及び移転の登記申請が受理されるものとされている[25]。なお、当該回答は、不動産登記法93条による根抵当権者の単独申請[26]による確定登記及び確定後の根抵当権の移転登記を連件申請[27]する場合に関するものである[28]。

　当該回答の解説を図解したのが【図表4】である[29]。民法398条の20第1項3号による根抵当権の確定登記及び確定後の根抵当権の移転の登記は、設

---

24)　「質疑応答【5494】」登研365号79頁（昭53）。
25)　平11・3・30民三第642号民事局第三課長回答（登情456号40頁）。
26)　権利に関する登記申請は、法令に別段の定めがある場合を除いて、登記権利者及び登記義務者が共同してしなければならない。ちなみに、確定登記申請においては根抵当権者は登記義務者である。
27)　同一の不動産について二以上の権利に関する登記の申請を、前後を明らかにして同時にする申請を「連件申請」という。
28)　条文の表記は現在のものに変更している。
29)　佐藤武「弁護士法23条の2に基づく照会（不動産登記法119条ノ9の根抵当権の元本の確定の登記および移転の登記の申請と民法第398条ノ2第2項の元本の確定の効力と覆滅との関係等）について」登情456号33頁（平11）。

2　民法上規定されている確定事由と確定登記の要否

【図表4】　平11・3・30民三第642号民事局第三課長回答の解説の時系列図

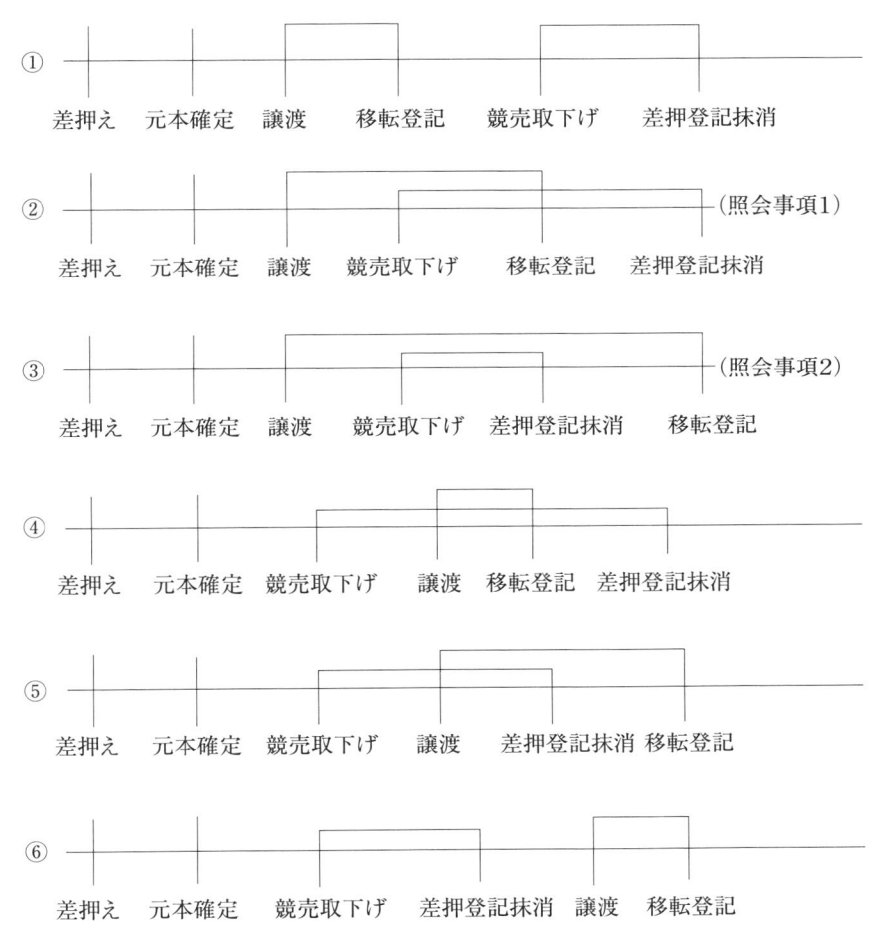

① ──┼──────┼──────┼──────┼──────┼──────┼──
　　差押え　　元本確定　　譲渡　　移転登記　　競売取下げ　　差押登記抹消

② ──┼──────┼──────┼──────┼──────┼──────┼──（照会事項1）
　　差押え　　元本確定　　譲渡　　競売取下げ　　移転登記　　差押登記抹消

③ ──┼──────┼──────┼──────┼──────┼──────┼──（照会事項2）
　　差押え　　元本確定　　譲渡　　競売取下げ　　差押登記抹消　　移転登記

④ ──┼──────┼──────┼──────┼──────┼──────┼──
　　差押え　　元本確定　　競売取下げ　　譲渡　　移転登記　　差押登記抹消

⑤ ──┼──────┼──────┼──────┼──────┼──────┼──
　　差押え　　元本確定　　競売取下げ　　譲渡　　差押登記抹消　　移転登記

⑥ ──┼──────┼──────┼──────┼──────┼──────┼──
　　差押え　　元本確定　　競売取下げ　　差押登記抹消　　譲渡　　移転登記

出典：登情456号33頁。（照会事項1）（照会事項2）とは、平11・3・30民三第642号民事局第三課長回答に係る照会事項である。

63

例①から⑤までの場合に申請することができる。設例④又は⑤の場合には、根抵当権者（競売手続の申立債権者又は滞納処分庁以外の者）の善意又は悪意及び過失の有無やその程度により、実体的に確定効が覆滅するか否かが決定されることとなる。しかし、確定登記は、根抵当権又はこれを目的とする権利の取得の時期が差押登記の抹消の受付年月日よりも前であれば申請することができる。設例⑥の場合には、民法398条の20第1項3号による確定効は覆滅したものとして扱われることとなり、根抵当権の確定登記及び確定後の根抵当権の譲渡・処分等の登記を申請することはできない[30]。

ちなみに、競売手続の開始又は滞納処分による差押えの効力が消滅した場合に、競売手続の申立債権者又は滞納処分庁以外の根抵当権者（債権者）に対して当該事実を通知する制度は存在しない。

（9） 債務者又は根抵当権設定者の破産（民法398条の20第1項4号・2項）

ア　法人についての破産

法人について破産手続開始の決定があった場合には、法人の登記記録にその旨の登記がされる（破産法257条1項）。しかし、破産財団[31]に属する登記のある権利については破産手続開始の登記はされない（破産法258条1項参照）。したがって、破産者たる法人が根抵当権設定者又は債務者である根抵当権については、確定登記を必要とする。

イ　自然人についての破産

自然人について破産手続開始の決定があった場合には、破産者に関する登記又は破産財団に属する登記のある権利については破産手続開始の登記がさ

---

30)　佐藤・前掲注29) 38頁。条文の表記は現在のものに変更している。
31)　破産者が破産手続開始の時において有する一切の財産は、日本国内にあるか否かを問わず、「破産財団」とされる。
32)　平16・12・16民二第3554号民事局長通達（登情528号46頁）第二・一、平21・2・20民二第500号民事局長通達「権利に関する登記」第二十・一、【図表5】698、699参照。なお、実務的には、破産手続開始の登記が嘱託されないこともある。

れる（破産法258条1項）[32]。破産者に関する登記とは、破産者の地位又は権限等の登記であって破産手続開始の決定がこれらに影響を与えるものであり、未成年者の営業登記（商法5条）、後見人の営業登記（商法6条）等をいう[33]。したがって、自然人たる破産者が根抵当権設定者である場合には、担保物件である不動産について破産手続開始の登記がされるので、例外③に該当することとなり、確定登記を必要としない。しかし、破産者が物上保証に係る債務者である場合には、担保物件である不動産について破産手続開始の登記がされないので、確定登記が必要となる。

破産手続開始の決定の効力が消滅する前に、根抵当権が確定したものとしてその根抵当権又はこれを目的とする権利を取得した者があるときは確定効は覆滅しない（民法398条の20第2項）が、根抵当権設定者について破産手続開始決定の効力が消滅した場合（Ⅱ1(10)参照）であっても、当該権利を取得した時期が、破産手続開始の登記の抹消登記[34]の受付年月日よりも前であれば確定登記を要することなく確定後の根抵当権の譲渡・処分等の登記申請をすることができる[35]。

同時破産廃止の場合は、破産手続開始と同時に破産手続が終結するので、破産財団は構成されず、破産手続開始の登記がされない。異時破産廃止、同意破産廃止の場合には「破産手続廃止」、破産手続終結の場合には「破産手続終結」をそれぞれ原因とする登記がされる[36]。破産手続廃止又は破産手続終結の場合に確定効が覆滅するか否かについては見解が分かれており、こ

---

33) 中野貞一郎＝道下徹編『基本法コンメンタール破産法』167頁（日本評論社、平元）。石原辰次郎『破産法和議法実務総攬〔全訂版〕』353頁（酒井書店、昭56）。
34) 平16・12・16民二第3554号民事局長通達・第二・二。平21・2・20民二第500号民事局長通達「権利に関する登記」第二十・二1、第二十二・三3、第二十三・三3、【図表5】700、743、764参照。
35) 「カウンター相談（152）根抵当権の元本の確定の登記について」登研667号182頁（平15）。
36) 平16・12・16民二第3554号民事局長通達・第二・二、平21・2・20民二第500号民事局長通達「権利に関する登記」第二十・二2、【図表5】701参照。

Ⅲ　確定登記の要否

【図表5】　平21・2・20民二第500号民事局長通達「権利に関する登記」不動産登記記録例（抜粋）

第十七　民事執行に関する登記

一　強制執行に関する登記
　1　不動産に対する強制執行に関する登記
　　（一）　強制競売開始決定に係る差押えの登記
　　　（4）　共有持分権の場合　625

権　利　部　（甲区）		（所有権に関する事項）	
順位番号	登記の目的	受付年月日・受付番号	権利者その他の事項
何	何某持分差押	平成何年何月何日第何号	原因　平成何年何月何日何地方裁判所（支部）強制競売開始決定 債権者　何市何町何番地 　　　　何　某

四　担保権の実行としての競売に関する登記
　1　担保権の実行としての競売開始決定に係る差押えの登記
　　（二）　共有持分権の場合　658

権　利　部　（甲区）		（所有権に関する事項）	
順位番号	登記の目的	受付年月日・受付番号	権利者その他の事項
何	何某持分差押	平成何年何月何日第何号	原因　平成何年何月何日何地方裁判所（支部）担保不動産競売開始決定 債権者　何市何町何番地 　　　　何　某

第二十　破産に関する登記

一　破産手続開始の登記
　1　所有権　698

権　利　部　（甲区）		（所有権に関する事項）	
順位番号	登記の目的	受付年月日・受付番号	権利者その他の事項
何	破産手続開始	平成何年何月何日第何号	原因　平成何年何月何日地方裁判所（支部）破産手続開始決定

（注）　所有権以外の権利の登記についての破産手続開始の登記の場合は、当該所有権以外の権利の登記に付記してする。

2　民法上規定されている確定事由と確定登記の要否

2　保全処分の登記がある場合　699

権　利　部　（甲区）	（所有権に関する事項）		
順位番号	登記の目的	受付年月日・受付番号	権利者その他の事項
2	保全処分	平成何年何月何日 第何号	原因　平成何年何月何日何地方裁判所（支部）破産財団保全の仮処分命令 禁止事項　譲渡、質権、抵当権、貸借権の設定　その他一切の処分
3	所有権移転	平成何年何月何日 第何号	原因　平成何年何月何日売買 所有者　何市何町何番地 　　　　何　某
4	1番所有権登記名義人何某に対する破産手続開始	平成何年何月何日 第何号	原因　平成何年何月何日何地方裁判所（支部）破産手続開始決定

二　破産手続開始決定の取消し等の登記

1　破産手続開始決定の取消しの決定が確定した場合　700

権　利　部　（甲区）	（所有権に関する事項）		
順位番号	登記の目的	受付年月日・受付番号	権利者その他の事項
何	破産手続開始決定取消	平成何年何月何日 第何号	原因　平成何年何月何日破産手続開始決定取消

2　破産手続廃止の決定又は破産手続終結の決定が確定した場合　701

権　利　部　（甲区）	（所有権に関する事項）		
順位番号	登記の目的	受付年月日・受付番号	権利者その他の事項
何	破産手続廃止（又は破産手続終結）	平成何年何月何日 第何号	原因　平成何年何月何日破産手続廃止（又は破産手続終結）

3　破産財団に属しないこととされた場合　702

権　利　部　（甲区）	（所有権に関する事項）		
順位番号	登記の目的	受付年月日・受付番号	権利者その他の事項
<u>2</u>	破産手続開始	平成何年何月何日 第何号	原因　平成何年何月何日何時何地方裁判所（支部）破産手続開始決定

Ⅲ　確定登記の要否

| 3 | 2番破産手続開始登記抹消 | 平成何年何月何日第何号 | 原因　平成何年何月何日破産財団除外 |

（注）　破産手続開始の登記を抹消する記号（下線）を記録する。

4　破産管財人がその権利を放棄した場合　703

権利部　（甲区）	（所有権に関する事項）		
順位番号	登記の目的	受付年月日・受付番号	権利者その他の事項
<u>2</u>	破産手続開始	平成何年何月何日第何号	原因　平成何年何月何日何時何地方裁判所（支部）破産手続開始決定
3	2番破産手続開始登記抹消	平成何年何月何日第何号	原因　平成何年何月何日権利放棄

（注）　破産手続開始の登記を抹消する記号（下線）を記録する。

第二十二　民事再生に関する登記

三　再生手続において効力を失う保全処分等に関する登記
3　破産手続開始の登記の抹消　743

権利部　（甲区）	（所有権に関する事項）		
順位番号	登記の目的	受付年月日・受付番号	権利者その他の事項
何	何番破産手続開始登記抹消	平成何年何月何日第何号	原因　平成何年何月何日再生計画認可

（注）　破産手続開始の登記を抹消する記号（下線）を記録する。

第二十三　会社更生に関する手続

三　更生手続において効力を失った保全処分等に関する登記
3　破産手続開始の登記の抹消　764

権利部　（甲区）	（所有権に関する事項）		
順位番号	登記の目的	受付年月日・受付番号	権利者その他の事項
何	何番破産手続開始登記抹消	平成何年何月何日第何号	原因　平成何年何月何日更生計画認可

（注）　破産手続開始の登記を抹消する記号（下線）を記録する。

れらの場合における確定登記の要否については明らかではない[37]。

「権利放棄」を原因として破産手続開始の登記が抹消されている場合[38]は、確定登記を必要とする[39]。この場合は、破産手続開始の登記が抹消された後に、実体法上、破産の効力が残っているのか、それとも破産取消し等によって確定効が覆滅しているのかが不明であるため、登記記録上根抵当権が確定していることが明らかなものとして取り扱うことができないからである。しかし、権利放棄による破産手続開始の登記の抹消登記の受付年月日よりも前の日を原因日付とする確定後の根抵当権の譲渡・処分等の登記を申請する場合には、民法398条の20第2項ただし書により確定効が覆滅しないことが明らかであるから、確定登記を必要としない[40]。

破産手続開始の登記がされた権利について、自由財産を拡張する決定(破産法34条4項)により当該権利が破産財団から除外された場合は、破産手続開始の登記が抹消される[41]。この場合における確定登記の要否については

---

[37] 破産手続廃止又は破産手続終結後に根抵当権付きで債権譲渡等を行おうとする根抵当権者は、破産以外の事由により根抵当権が確定していることが登記記録上明らかでない限り、事前に確定請求をしておけば安全ではなかろうか。これらの場合に確定効が覆滅していないのであれば、登記記録上破産手続廃止又は破産手続終結の登記がされているときは確定登記を必要とすることなく、当該登記がされていないときは、民法398条の20第1項4号による確定登記を前提として、確定後の根抵当権の譲渡・処分等の登記を申請することができることになる。確定効が覆滅しているのであれば、根抵当権者の確定請求による確定登記を前提として確定後の根抵当権の譲渡・処分等の登記を申請することになろう。なお、法人たる根抵当権設定者について、破産手続開始の決定後にされた元本確定請求に基づき確定登記をすることの可否については、「カウンター相談(177)根抵当権者からの元本確定請求に基づく登記の申請について」登研706号207頁(平18)を参照されたい。
[38] 平16・12・16民二第3554号民事局長通達・第二・二、平21・2・20民二第500号民事局長通達「権利に関する登記」第二十・二4、【図表5】703参照。
[39] 平9・7・31民三第1302号民事局第三課長回答(登情438号95頁)、「登記簿『権利放棄』を原因として破産の登記が抹消されている場合における根抵当権の元本確定の登記の要否について」登研658号209頁(平14)。
[40] 「カウンター相談(152)」前掲注35)183頁。
[41] 平16・12・16民二第3554号民事局長通達・第二・二、平21・2・20民二第500号民事局長通達「権利に関する登記」第二十・二3、【図表5】702参照。

明らかではない[42]。

3 複数物件又は複数当事者の場合における確定事由と確定登記の要否

(1) 共同根抵当権

　確定期日の定めは、共同根抵当権の設定の登記がされている不動産に共通する定めであり、登記記録上の確定期日が既に到来しているときは、例外①に該当するので、確定登記を必要としない。

　一の不動産について例外②又は③が該当し、当該不動産について登記記録上根抵当権が確定していることが明らかであって、他の不動産との共同担保の旨の登記がある場合でも、他の不動産について確定の登記を省略することはできない[43]。根抵当権設定者が異なる場合又は同一の場合、共同担保の関係にある物件が同一の登記所の管轄である場合又は複数の登記所の管轄に属する場合[44]のいずれの場合であるかを問わない。登記記録は1筆の土地又は1個の建物ごとに作成されるものであり（不動産登記法2条5号）、個々の不動産ごとに登記の可否が審査されるところ、一の不動産に確定登記がされていても他の不動産の登記記録上根抵当権が確定しているか否かは明らか

---

[42] 私見では「権利放棄」の場合を類推適用すれば、確定後の根抵当権の譲渡・処分等が破産登記の抹消登記の受付年月日より前にされている場合は確定登記は不要であり、後の場合は必要とするのではないかと考える。「カウンター相談（152）」前掲注35）183頁参照。
[43] 昭57・7・6民三第4287号民事局第三課長回答（登研421号91頁）、第3課編・実務160頁、清水・諸問題（上）54頁。
[44] 「質疑応答【5598】」登研373号88頁（昭53）。

ではないからである。

(2) 共有不動産の全部を目的とする根抵当権

　登記記録上の確定期日が到来しているときは、例外①に該当するので、確定登記を必要としない。

　根抵当権設定者である共有者の一人のみについて民法398条の20第1項1号[45]、2号又は4号の事由が生じた場合は、例外③に該当し、登記記録上根抵当権が確定していることが明らかであるので、確定登記を必要としない[46]。

　同項3号の場合には、根抵当権者が当該共有者の一人の持分についてのみ第三者による競売手続開始又は滞納処分による差押えがあったことを知った時から2週間を経過すると根抵当権は全体として確定する（Ⅱ2(2)参照）が、登記記録上根抵当権が確定していることが明らかでないので、確定登記を必要とする（2(8)参照）。

(3) 共有根抵当権

　登記記録上の確定期日が到来しているときは、例外①に該当するので確定登記を必要としない。なお、共有根抵当権において、各共有者について担保される債権の範囲又は債務者が異なるものであることは差し支えないが[47]、異なる確定期日を定めることの可否については明らかではない。

　根抵当権者の全員について相続が開始し、いずれの根抵当権者についても相続による移転の登記がされた後、民法398条の8第1項の合意の登記がされないまま6か月を経過しているときは、例外②に該当し、確定登記を必要

---

45) 平21・2・20民二第500号民事局長通達「権利に関する登記」第十七・一1（一）(4)、第十七・四1（二）、【図表5】625、658参照。
46) 「登記簿　担保提供者の一人の持分に破産の登記がされた場合の根抵当権の確定について」登研649号197頁（平14）。
47) 昭46・10・4民事甲第3230号民事局長通達（登先209号[19巻1号]150頁）第十二・一。

としない。

　根抵当権の一部譲渡を受けた者が当該根抵当権を実行した場合は、民法398条の20第1項1号によって根抵当権全体が確定するので[48]、例外③に該当し、確定登記を必要としない。当初から共有根抵当権である場合であっても同様であろう。

（4）　共用根抵当権

　登記記録上の確定期日が到来しているときは、例外①に該当するので確定登記を必要としない。なお、共用根抵当権において、各債務者について異なる確定期日を定めることの可否については明らかではない。

　債務者の全員について相続が開始し、いずれの債務者についても相続による変更の登記がなされた後、民法398条の8第2項の合意の登記がなされないまま6か月を経過している場合は、例外②に該当し、確定登記を必要としない。

4　倒産手続等と確定登記の要否

　会社更生手続開始の決定、民事再生手続開始の決定、特別清算開始の命令、解散がされた場合並びに土地収用法45条の2による使用裁決手続開始の登記がされた場合のいずれも、当該事実のみによっては根抵当権は確定しない。他の事由により根抵当権が確定した場合には、例外①②③に該当しない限り、確定登記を必要とする。

---

[48]　平9・7・31民三第1301号民事局第三課長回答。

5　その他確定登記の要否が問題となる場合

（1）　根抵当権設定仮登記

　不動産登記法105条1号の根抵当権設定仮登記について、例外①②③に該当する事由があり、登記記録上根抵当権が確定していることが明らかな場合は、確定登記を必要としない。既に物権変動が生じている場合にされる仮登記であるから、本登記されている根抵当権と何ら差異はないと考えられている[49]。

　なお、仮登記された根抵当権の確定登記は、確定の事実を公示することにより、確定を前提とする登記をすることができるという利益があり、かつ、登記手続上の障害もないことから、可能であるとされている。この場合の登記は、仮登記した権利を目的とする登記ではあるが、単に事実を公示するものであるので、仮登記ではなく付記の本登記により登記される[50]。

（2）　転根抵当権

ア　原根抵当権の確定

　原根抵当権の確定は転根抵当権の確定事由ではない。したがって、原根抵当権が確定していることが登記記録上明らかであっても、転根抵当権が確定

---

[49] 「質疑応答【7704】」登研623号161頁（平11）、「カウンター相談（117）根抵当権設定仮登記について元本確定後でなければすることができない登記の申請をすることの可否について」登研629号130頁（平12）。
[50] 平14・5・30民二第1309号民事局第二課長依命回答（登研679号157頁）、日本法令不動産登記研究会編『窓口の相談事例にみる事項別不動産登記のQ＆A200選』222頁（日本法令、平20）。

Ⅲ 確定登記の要否

していることが登記記録上明らかでない場合には、確定登記を必要とする[51]。

イ 転根抵当権の確定

転根抵当権者がした抵当不動産についての競売申立ては、民法398条の20第1項3号の確定事由に該当する[52]ので、確定登記を必要とする。

(3) 抵当権消滅請求（民法379条～386条）

平成16年改正民法の施行前の旧民法378条以下に、抵当権について「滌除^{てきじょ}」の制度[53]の規定があった。根抵当権は抵当権の一種のため、当該規定の適用があり、理論的には確定の前後を問わず「滌除」をすることができるので、「滌除」により根抵当権の抹消登記申請をする場合には確定登記を必要としないとされていた[54]。

平成16年改正民法により規定された抵当権消滅請求の効果は、旧民法による「滌除」の効果と実質的な変更はないが、平成16年改正民法により規定された抵当権消滅請求[55]と確定登記との関係は明らかではない[56]。

(4) 停止条件付賃借権仮登記との関係

---

51) 「質疑応答【7713】」登研626号243頁（平12）、「カウンター相談（121）転根抵当権の元本確定の登記の要否について」登研633号101頁（平12）。
52) 平9・7・31民三第1301号民事局第三課長回答。
53) 抵当不動産の所有権、地上権又は永小作権を取得した第三取得者が、抵当権者に被担保債権全額の弁済をしなくとも、自ら抵当不動産の代価を評価しその金額を払い渡し又は供託することによって、抵当権を消滅させることができる制度。増価競売等が抵当権者に過大な負担となっているという批判があった。
54) 「登記簿 元本が確定していることが登記簿上明らかでない根抵当権設定の登記につき滌除を原因とする抹消の申請の可否」登研578号45頁～47頁（平8）。
55) 抵当不動産の所有権の第三取得者が、抵当権者に被担保債権全額の弁済をしなくとも、自ら抵当不動産の代価を評価しその金額を払い渡し又は供託することによって、抵当権を消滅させることができる制度。滌除の制度について、①請求権者を所有権者に限定、②抵当権実行通知義務の廃止、③請求時期、④熟慮期間の延長、⑤増価競売の廃止、⑤抵当権者の競売申立て後の承諾擬制、⑥抵当権者の競売取下げ制限の撤廃、等を改善し、抵当権者の過大な負担を軽減する見直しがされた。

「根抵当権の確定債務の不履行」を条件とする賃借権設定仮登記がある場合、条件成就によって本登記をする場合には、確定登記を必要としないと解されている[57]。

---

56) 私見では、確定登記を要することなく根抵当権抹消登記申請をすることが可能であると考える。登記原因については、民法398条の22による根抵当権の消滅請求（根抵当権の確定後において、被担保債権額が極度額を超過している場合に、物上保証人・第三取得者等が極度額に相当する金額を払い渡し又は供託して根抵当権を消滅させることができる制度）と区別する必要があるのではなかろうか。
57) 「質疑応答【5582】」登研372号82頁（昭53）。

IV 確定登記の手続
ー 総 論 ー

1　共同申請

　不動産の権利に関する登記の申請は、法令に別段の定めがある場合を除いて、登記権利者及び登記義務者の共同申請によらなければならない（不動産登記法60条）。登記義務者とは申請された登記がされることによって登記記録上（手続上）不利益を受ける者であり、登記権利者とはこれにより利益を得る者である[1]。

　根抵当権が確定すると、その後に発生する債権は担保されなくなるので、一般的には根抵当権者にとっては不利益であり、根抵当権設定者にとっては利益であると考えられる。しかし、根抵当権設定者と債務者が同一人の場合には、当該根抵当権が確定すると債務者（兼根抵当権設定者）が追加融資を受けられなくなるので、債務者（兼根抵当権設定者）にとって不利益でもある。また、根抵当権者は根抵当権付債権の代位弁済・債権譲渡等により融資金を早期に回収することが可能となるので、根抵当権者にとって利益でもある。このように実体的には根抵当権者と根抵当権設定者のいずれに利益であるかが明確ではないこともあるので、確定登記において、登記実務上は、画一的処理の観点から、一般的な場合の利益・不利益を基準として統一的に取り扱うこととし[2]、根抵当権者を登記義務者、根抵当権設定者を登記権利者とすることとされている[3]。

---

[1]　登記手続上の登記義務者が、実体上の登記権利者となることがある。最二小判昭36・11・24（民集15巻10号2573頁）、安永正昭＝鎌田薫＝山野目章夫編『不動産取引判例百選〔第3版〕』126頁〔尾島茂樹〕（有斐閣、平20）。
[2]　「昭57・7・6民三第4278号民事局第三課長回答（登記研究421号91頁）の解説」登研421号94頁（昭58）。
[3]　昭46・10・4民甲第3230号民事局長通達（登先209号[19巻1号]150頁）第九。

2 単独申請

　確定登記の申請は原則として共同申請によることとなるが、不動産登記法は確定登記を単独申請することができる場合を2つ規定している。不動産登記法93条による場合と同法63条による場合である。

（1）　不動産登記法93条による場合

　①根抵当権者の元本確定請求（民法398条の19第2項）、②第三者による競売手続の開始又は滞納処分による差押え（民法398条の20第1項3号）、③債務者又は根抵当権設定者の破産（同項4号）、により根抵当権が確定した場合には、根抵当権者が単独で確定登記を申請することができる[4]。根抵当権設定者の登記手続に対する協力の有無を考慮する必要はない。

　①により根抵当権が確定した場合には、確定登記のみを単独申請することになるが、②③により根抵当権が確定した場合には、確定登記とともに根抵当権の確定後の譲渡・処分等の登記を併せて申請することを要する（不動産登記法93条ただし書）。これは、②③の場合には、民法398条の20第2項本文の規定により確定効が覆滅する可能性があり、そのような不確定な状態で確定登記を認めることは望ましいことではなく、また、一般的には②③による確定登記を根抵当権者が申請するのは被担保債権を根抵当権とともに譲渡す

---

[4]　不動産登記法93条による根抵当権者の単独申請による確定登記が認められることとなった経緯については、Ⅱ1（5）イ参照。不動産登記は共同申請が原則ではあるが、実務的には不動産登記法93条による単独申請の方が、根抵当権者の確定登記に係る負担も大きく軽減され、迅速・円滑に登記申請をすることができる場合が多いように筆者は感じている。

る場合等であるからである[5]。

　また、仮に②③により根抵当権が確定した場合にも確定登記のみの単独申請が認められるとした場合には、確定効が覆滅した場合には当該確定登記を抹消する必要性が生じることとなるが、根抵当権者の単独申請による確定登記手続に関与していない根抵当権設定者に、抹消申請の負担を負わせるのは相当ではないとする考え方もある[6]。

　したがって、民法398条の20第2項ただし書の規定により確定効が覆滅しない場合に限って、根抵当権の確定後の譲渡・処分等の登記と併せてすることにより、根抵当権者の単独申請による確定登記が認められているのである。

（2）　不動産登記法63条による場合

　不動産登記法63条により、確定登記手続に協力しない一方当事者に確定登記をすることを命ずる確定給付判決を得て、他方当事者又はこれに代位[7]する者が単独で確定登記を申請することができる。

ア　登記権利者の協力が得られない場合

　登記権利者である根抵当権設定者が確定登記の申請に協力しない場合は、登記義務者である根抵当権者は、その有する登記引取請求権[8]に基づき根抵当権設定者に対して「元本確定の登記手続をせよ」との確定給付判決を得て単独で確定登記を申請することができる[9]。

　なお、旧不動産登記法（明治32年法律第24号）27条は、判決に基づく単独

5）　清水響『Q＆A不動産登記法』279頁（商事法務、平19）、「カウンター相談（177）根抵当権者からの元本確定請求に基づく登記の申請について」登研706号209頁（平18）。
6）　「平10・10・23民三第2068号民事局長通達（登記研究612号153頁）の解説」登研613号92頁（平11）。
7）　一定の理由に基づいて、ある者の法律上の地位に他人が代わって就くことを意味する。民法423条（債権者代位権）、499条（任意代位）、500条（法定代位）等。
8）　登記引取請求権とは登記義務者が登記権利者に対して有する登記請求権をいう。注1）参照。
9）　昭54・11・8民三第5731号民事局第三課長回答（登先224号[20巻4号] 3頁）、昭55・3・4民三第1196号民事局第三課長回答（登研390号77頁）。

申請による登記申請について「登記権利者ノミニテ之ヲ申請スルコトヲ得」と規定していたが、現行不動産登記法63条1項は「申請を共同してしなければならない者の他方が単独で申請することができる」旨規定している。これは、いわゆる登記引取請求訴訟により確定給付判決を得た一方当事者の単独申請が可能であることを明らかにした趣旨である[10]。

また、債権者は、自己の債権を保全するため、債務者に属する権利を代位して行使することができる（民法423条）ので、確定後の根抵当権の被担保債権を代位弁済した者は、根抵当権者に対して有する根抵当権の移転の登記請求権を被保全権利として、根抵当権者が根抵当権設定者に対して有する確定登記請求権（登記引取請求権）を代位行使して訴訟を提起することができ、その確定判決を得て単独で確定登記の申請をすることができる[11]。

イ　登記義務者の協力が得られない場合

登記義務者である根抵当権者が確定登記に協力しない場合は、登記権利者である根抵当権設定者は、その有する確定登記請求権に基づき根抵当権者に対して、「元本確定の登記手続をせよ」との給付判決を得て単独で確定登記を申請することができる。

3　確定効の覆滅の可能性と確定登記等
　　—筆者のつぶやき—

民法398条の20第1項3号又は4号により根抵当権が確定した場合には、その確定効が覆滅する可能性がある（同条2項本文）が、確定効が覆滅する

---

10)　清水・前掲注5) 210頁。
11)　昭和54・11・8民三第5731号民事局第三課長回答、昭55・3・4民三第1196号民事局第三課長回答。

前に、根抵当権が確定したものとしてその根抵当権又はこれを目的とする権利を取得した者があるときは、確定効は覆滅しない（同項ただし書）。したがって、登記手続上は、差押登記又は破産手続開始の登記[12]が抹消されるまでの間に当該根抵当権等を取得していれば、確定効が覆滅していないものとして根抵当権の確定及び移転の登記申請が受理されることとなる[13]。

　民法398条の20第1項3号又は4号により根抵当権が確定した場合、確定登記について、単独申請による場合には、2(1)のとおり、確定登記及び根抵当権の確定後の譲渡・処分等の登記の連件申請をする必要があるが、共同申請によるのであれば、確定登記のみを申請することができる[14]。

　ところで、金融実務上、根抵当権の確定後の被担保債権の譲渡・代位弁済等の前提として、先行して確定登記を了していることを要請されることが少なからずある。この場合、実体上は、根抵当権が民法398条の20第1項3号又は4号によって確定していることが多いため、不良債権の早期回収を望む根抵当権者の間では、確定効が覆滅しない間は確定していることが事実であるのだから、「根抵当権の確定後の譲渡・処分等の登記との連件申請ではない単独申請による確定登記のみ」が認められても問題ないのではないかという意見も根強い。

　しかし、民法398条の20第1項3号又は4号による確定——特に同項3号の場合——を前提とした取引は、その後に「共同申請による確定登記のみ」、「根抵当権の確定後の譲渡・処分等の登記との連件申請による確定登記」のいずれかを予定している場合であっても、根抵当権者及び根抵当権の確定後の譲渡・処分等を受ける者の双方にとって、ややリスキーであると言わざ

---

[12] 自然人たる根抵当権設定者が破産手続開始の決定を受けた場合に登記がされる（破産法258条1項）。
[13] 平11・3・30民三第642号民事局第三課長回答（登情456号40頁）、「カウンター相談(152)根抵当権の元本の確定の登記について」登研667号182頁（平15）。
[14] 法務省民事局参事官室編『Q&A新競売・根抵当制度』115頁（Q76）（商事法務研究会、平11）参照。

を得ない。

　不良債権の処理に当たり、根抵当権者は、債務者又は根抵当権設定者に対する説明責任の趣旨等もあって、債務者又は根抵当権設定者に接触を試みるようであるので、根抵当権設定者との交渉の過程で、その協力が得られて、民法398条の20第1項3号又は4号による確定登記のみを共同申請することができる場合があろう。この場合、登記記録上の登記原因は、民法398条の20第1項3号又は4号による確定である旨が公示されるわけではなく、根抵当権が確定したことのみが公示される[15]ので、その後の根抵当権の確定後の譲渡・処分等の登記は、差押え等の登記の抹消とは無関係に受理されると考えざるを得ない。債務者又は根抵当権設定者と交渉のある根抵当権者にとっては、確定効の覆滅の可能性についてある程度の予測が可能な場合もあろうが、民法398条の20第1項3号又は4号による確定を前提とした債権譲渡等の取引は、バルクセール[16]等の場合のように、必ずしも当該取引当日の登記事項証明書を取得して確定効が覆滅していないか否かを確認した上でするとは限らない。そのため、確定登記を了した後に時間を隔てて根抵当権の確定後の譲渡・処分等の取引をした時点では、既に差押え等の登記が抹消され確定効が覆滅してしまっているにもかかわらず、その後に申請された根抵当権の確定後の譲渡・処分等の登記が受理されてしまうこともあり得る。

　また、差押え等の登記が抹消されるまでの間に、第三者が、根抵当権が確定したものとしてその根抵当権又はこれを目的とする権利を取得していたとしても、確定登記及び根抵当権の確定後の譲渡・処分等の登記を了した後に、当該第三者の競売の取下げ等があった事実についての善意又は悪意、及び過失の有無や程度が、当該根抵当権の確定効が覆滅するか否かについて影響を

---

[15]　昭46・10・4民甲第3230号民事局長通達第九。
[16]　金融取引において、多数の不良債権等を一括して、抱合せ販売的に売買する取引をいう。回収可能性や売却可能性が低いなど採算性の低い債権等と、採算性の高いものと抱き合わせて売買することにより、取引の効率性を高めることができる。

及ぼす場合もあり得る。

　さらに、民法398条の20第1項3号又は4号による確定登記と根抵当権の確定後の譲渡・処分等の登記を連件申請する場合であっても、差押登記又は破産手続開始の登記が抹消された後に当該根抵当権等を取得しているときは、確定登記は、その申請情報に添付された登記原因証明情報の内容によって確定事由が判明するので、単独申請又は共同申請のいずれによっても受理されず、したがって、これを前提とする根抵当権の確定後の譲渡・処分等の登記も受理されないであろう。

　このように、民法398条の20第1項3号又は4号による確定を前提とした取引は、後日になって「確定登記等は了したけれども実体的に根抵当権の確定効が覆滅してしまっていた」あるいは「確定登記等が受理されない」という不都合が生じる可能性があるので、ややリスキーなのである。

　一方、根抵当権者からの確定請求（民法398条の19第2項）による確定の場合には確定効が覆滅することはなく、確定登記のみを、共同申請することも、通知の方法等に一定の要件はあるものの単独申請することも可能である。また、法人たる根抵当権設定者について破産手続開始の決定後にされた元本確定請求に基づき確定登記をすることも可能とされている[17]ので、第三者による競売手続の開始又は滞納処分による差押え若しくは債務者又は根抵当権設定者たる自然人が破産手続開始の決定を受けた場合であっても、その後に根抵当権者が確定請求に基づく確定登記を申請することが可能であると解して差し支えないと考える。

　そうすると、確定効の覆滅のリスクを考えれば、登記権利者の協力の有無を問わず、民法398条の20第1項3号又は4号による確定よりも、その後の

---

17) 「カウンター相談（177）」前掲注5）207頁。なお、債権譲渡円滑化法の取扱いでは、債務者が破産宣告を受けた後は、根抵当権者が、被担保債権の全部を特定債権回収機関に売却し、被担保債権を新たに発生させない旨の通知をしたとしても、確定登記を単独申請することが認められていなかった（「質疑応答【7692】」登研618号183頁（平11））。

根抵当権者からの確定請求による確定を前提とした取引及びこれによる確定登記等を予定する方が、コスト負担と確定請求が到達しない場合もあるという問題点は残るものの、安全であるとも考えられる。実体と登記との間に齟齬があってもやむを得ないと割り切るのも一考ではなかろうか。

4　登記権利者が確定登記に協力しない場合のその他の対処方法

従来から次のような方法が考えられているが、それぞれ難点がある。

(1)　担保不動産競売申立て

根抵当権者が担保不動産の競売を申し立て、開始決定がされた場合には、当該不動産に設定された根抵当権がすべて確定するが（民法398条の20第1項1号）、この場合には確定登記を要することなく根抵当権の確定後の譲渡・処分等の登記を申請することができる[18]。

そこで、金融実務上、確定効を得るためだけに担保不動産の競売を申し立て、差押えの登記を了した後に取り下げることもあるとのことである。しかし、競売の申立書作成及び添付書類の収集に費やす時間と労力も少なからず要する上に、多額の予納金[19]や差押登記のための登録免許税の納付が必要とされる。予納金は競売手続の進行の程度によって返還される額が決定されるが、登録免許税は差押登記がされた後に競売の取下げをしても返還される

---

18)　「質疑応答【5549】」登研370号72頁（昭53）。
19)　平成23年6月12日現在、東京地裁では、最も低廉な予納金の額が60万円（請求債権額が2000万円未満）である（東京地方裁判所民事執行センターのホームページ「不動産競売事件（担保不動産競売、強制競売）の申立てについて〜不動産競売事件の申立てをされる方へ〜1．予納金の額」参照）。

ことはない。登録免許税は、競売申立ての請求債権額[20]（1000円未満切捨て）か極度額のいずれか低い額を課税標準とし、これに1000分の4の税率を乗じて算出された額（100円未満切捨て）である[21]。そこで、差押登記後の競売取下げを予定している場合には、根抵当権の被担保債権の一部を請求債権として申し立てることも考慮される。しかし、予定が変更されて競売手続の続行の必要が生じた場合には、競売の申立債権者である根抵当権者には請求債権の拡張は認められない[22]ので、配当要求の終期までに競売の二重開始の申立てをする必要が生じる[23]という難点がある。

　また、競売申立てをすることによって、根抵当権設定者又は債務者が驚いて弁済をしてくる等、根抵当権者にとって好都合なこともあり得る一方で、逆に感情を害してしまって担保不動産の任意売却が困難になるという懸念もある。

---

20) 競売の申立債権者が、執行手続によって配当を受けるべく申し立てた債権額をいう。競売申立書に表示された元本、確定利息及び確定損害金の総額である。最高裁判所事務総局編『民事書記官事務の手引（執行手続―不動産編―）（上）』36頁（法曹会、昭63）、東京地裁民事執行実務研究会編著『不動産執行の理論と実務（上）〔改定版〕』99頁（法曹会、平11）、阪本勁夫『不動産競売申立ての実務と記載例〔全訂3版〕』82頁（金融財政事情研究会、平17）。
21) 登録免許税法別表第一・一（五）、国税通則法118条1項、119条1項。登録免許税を計算した結果、その金額が1000円に満たないときはこれを1000円とする（登録免許税法19条）。
22)「請求債権の拡張」とは、担保不動産競売の申立て時において請求していない債権について、配当の段階で、債権計算書によって請求を拡張することをいう。最高裁判所事務総局編『民事書記官事務の手引き（執行手続―不動産編―）（下）』262頁（法曹会、平元）、東京地裁民事執行実務研究会編著・前掲注20) 586頁、東京地裁配当等手続研究会編著『不動産配当の諸問題』89頁～92頁（判例タイムズ社、平2）、阪本・前掲注20) 273頁。なお、錯誤・誤記による被担保権の記載の遺漏の場合であって真実の被担保債権の額が立証されたときは、真実の権利関係に即した配当表への変更が認められる場合もある（最一小判平15・7・3金法1690号106頁）
23) 東京地裁民事執行実務研究会編著・前掲注20) 134頁、阪本・前掲注20) 273頁、高木新二郎ほか「＜座談会＞民事執行実務をめぐる最近の諸問題と対応策」金法1378号118頁（平6）、名古屋高判平20・12・19（金法1867号46頁）。

（2） 代位弁済者が登記権利者に代位することの可否

　根抵当権の確定後の被担保債権を代位弁済した者は、登記記録上確定登記がされていなければ代位弁済による根抵当権の移転登記を受けることができない。この場合に、登記権利者である根抵当権設定者が確定登記に協力しないときは、根抵当権者から根抵当権設定者に対して「確定の登記手続をせよ」との給付判決を得た上で、根抵当権者の単独申請による確定登記と根抵当権の移転登記を申請することができるので、何ら問題はないようにも考えられる。しかし、判決を得るためには時間と労力と費用を要することから、より簡便な方法として、代位弁済者が登記権利者たる根抵当権設定者に代位することの可否が検討されることとなる。

　債権者は自己の債権を保全するため、債務者に属する権利を代位行使することができる。一般的には、①被代位者を登記手続上の登記権利者とする登記等、被代位者の権利のプラス変動を登記記録上に表す登記、②登記記録上の登記名義人である被代位者の住所変更登記のような中性的な登記、について代位申請が認められる。債務者を手続上の登記義務者とする登記のような被代位者の権利のマイナス変動を登記記録上に示す登記については、登記の申請をするに当たって代位資格を証明するために被代位者を被告とする確定判決が必ずしも要求されるわけではないことから、被代位者の利益を実質的に侵害するおそれがあるため、認められないとされている[24]。

　この考え方からすると、確定登記は事実を公示するにすぎない登記であるため、代位弁済者が、根抵当権者に対して有する根抵当権移転請求権を被保全権利として根抵当権者の確定登記申請権を代位行使することは認められ得る[25]。一方、代位弁済者は根抵当権設定者に対しては当該移転請求権を有

24）　幾代通『不動産登記法〔第3版〕』96頁（有斐閣、平元）。
25）　満田忠彦「担保すべき元本の確定の登記の効力―確定の登記と確定後の処分の登記との関係―」登先174号[16巻1号]72頁（昭51）。

していないので、根抵当権設定者の確定登記申請権を代位行使することができない。また、根抵当権設定者が債務者でもある場合には、代位弁済者が根抵当権設定者兼債務者に対して有する求償権を被保全権利とすることが検討されるが、当該求償権の保全のために根抵当権移転請求権が認められ、そしてその根抵当権移転登記をするために確定登記を要するという関係にあり、当該求償権の保全と根抵当権設定者兼債務者の有する確定登記申請権とは直接の関係がないので、代位弁済者は根抵当権設定者兼債務者に代位して確定登記を申請することができないと解されている[26]。

したがって、代位弁済者は、根抵当権設定者の協力が得られないときは、根抵当権設定者に代位して確定登記を申請することができず、訴訟手続によらざるを得ないこととなる。

（3） 事前の書類受領

根抵当権設定者から、合意の上、根抵当権設定時にあらかじめ確定登記の承諾書と委任状の交付を受けておき、後日根抵当権が確定した時にこれらを利用して確定登記を申請するという方法である。現在もこの方法を採用する金融機関等が存在するようであるが、私見としては問題が多いので好ましくないと考える。

まず、当該書類受領後に担保不動産の所有権が第三者に移転されたり、所有者に住所変更や相続開始等があったりすると、書類の再交付を受けなければならなくなるという不都合が生じる。

さらに、根抵当権設定時に交付を受ける元本確定の登記の承諾書の内容は、一般的には「私は、貴社が平成○年○月○日付根抵当権設定契約により後記物件の上に設定された根抵当権（平成○年○月○日○○法務局受付○○○号

---

[26] 枇杷田監・一問一答159頁、枇杷田泰助ほか「新根抵当登記問答（第20回）」金法662号38頁（昭47）、満田・前掲注25）72頁、「質疑応答【5769】」登研389号121頁（昭55）、「質疑応答【5962】」登研404号135頁（昭56）。

登記済)について、法定事由が発生し元本が確定した場合には貴社の必要な時に別紙元本確定の登記の委任状を使用して担保すべき元本確定の登記をすることを異議なく承諾いたしました。」という趣旨のものである。したがって、根抵当権設定時に当該書類の授受があり、数年以上も経過してから現実に根抵当権が確定した場合に、根抵当権者（登記義務者）から当該書類を利用して確定登記の依頼があったとしても、司法書士としては、登記権利者の本人確認及び意思確認をすることなく、自己の関与なしに授受された書類のみによって、確定登記を受託するわけにはいかないのである。

5 確定の仮登記

　登記することができる権利について変更があった場合において、当該変更に係る登記の申請をするための添付情報を提供することができないとき、又は、権利の変更は生じていないものの権利の変更に関する現在若しくは将来の請求権を保全しようとするときは、仮登記をすることが認められている[27]。

　仮登記をすることが認められる要件としての「添付情報を提供することができないとき」とは、具体的には、①登記識別情報（登記済証）、又は、②第三者の許可、同意若しくは承諾を証する情報を提供できないときである（不動産登記規則178条）。

　確定登記には、第三者の許可、同意又は承諾は不要であるから、②の要件

---

[27] 不動産登記法105条、清水・前掲注5）318頁、昭41・3・29民事三発第158号民事局第三課長回答（登先58号［6巻5号］39頁）。なお、吉野衞『注釈不動産登記法総論（上）1条〜27条〔新版〕』137頁（金融財政事情研究会、昭57）は、「変更をもって絶対的に第三者に対抗できる場合には仮登記の実益がないから、許されないものと解する」とする。

に該当することがないことは明らかであるが、共同申請の場合において登記義務者（根抵当権者）の登記識別情報を提供することができないことはあり得るであろう。しかし、根抵当権の確定の仮登記はできないとされている[28]。

6 申請情報及び添付情報

(1) 申請情報

確定登記の申請情報の内容は次のとおりである。なお、代位によって登記の申請をするときは、下記事項に加えて、①申請人が代位者である旨、②被代位者の氏名又は名称及び住所、③代位原因、を申請情報の内容とする必要がある（不動産登記令3条4号）。

ア 登記の目的（不動産登記令3条5号）

根抵当権をその登記の順位番号をもって表示し[29]、その根抵当権の確定の登記である旨を申請情報の内容とする。

イ 登記原因及びその日付（同条6号）

元本の確定の旨及びその日付を申請情報の内容とする。確定事由、確定時における債権額については不要である[30]。

---

[28] 「質疑応答【6411】」登研435号116頁（昭59）、日本法令不動産登記研究会編『窓口の相談事例にみる事項別不動産登記のQ＆A200選〔全訂版〕』222頁（日本法令、平20）。満田・前掲注25) 71頁は、根抵当権者又は代位弁済者が仮登記仮処分を得て仮登記手続をすることも消極に解さざるを得ないとする。

[29] 実務的には、登記の目的において順位番号を特定せず、根抵当権設定登記の受付年月日及び受付番号をもって「確定すべき登記　平成●年●月●日受付第●●●号」と特定して申請情報の内容とすることもある。

[30] 昭46・10・4民甲第3230号民事局長通達第九。

ウ　申請人の表示（同条1号・2号）

　根抵当権設定者が登記権利者、根抵当権者が登記義務者であり[31]、その氏名又は名称及び住所を申請情報の内容とする。申請人が法人であるときは、その代表者の氏名も必要である。

　申請情報の登記権利者又は登記義務者の表示が登記記録上の表示と一致しない場合には、あらかじめ[32]登記名義人の表示の変更又は更正の登記の申請をして、登記記録上の表示と確定登記申請時における申請人の表示を一致させる必要がある。

エ　添付情報の表示（不動産登記規則34条1項6号）

オ　申請の年月日（同項7号）

カ　登記所の表示（同項8号）

キ　代理人の表示（不動産登記令3条3号）

　代理人の氏名又は名称及び住所を申請情報の内容とする。代理人が法人であるときはその代表者の氏名も必要である。

ク　申請人又は代理人の電話番号その他連絡先（不動産登記規則34条1項1号）

ケ　登録免許税額（同規則189条1項）

　不動産1個につき、1000円であり（登録免許税法別表第一・一（十四））、その税額を申請情報の内容とする。

コ　不動産の表示（不動産登記令3条7号・8号）

　確定登記申請をする根抵当権が設定された不動産の表示を申請情報の内容とする。ただし、不動産番号を記載することにより、申請情報の一部を省略することができる（同令6条1項、不動産登記規則34条2項）。

サ　登記完了証の交付方法及び送付先（不動産登記規則182条2項）

　オンライン申請をした場合であって、登記完了証をオンラインにより交付

---

[31]　昭46・10・4民甲第3230号民事局長通達第九。
[32]　確定登記と連件申請してもよい。

することを希望するときは、申請情報の「登記完了証の交付方法」欄において、「オンラインによる交付を希望する」を選択する。

平成23年6月27日以降にオンライン申請した登記については、当分の間、登記完了証を書面により交付することを申し出ることができるので、この場合には、申請情報の「登記完了証の交付方法」欄において、「送付の方法による交付を希望する」を選択し、申請情報の「その他事項」欄に送付先の住所を記録する（不動産登記規則182条2項）。

書面申請の場合であって、送付の方法により登記完了証の交付を希望するときは、申請情報の適宜の欄に、その旨及び送付先の住所を記載する（不動産登記規則182条2項）。

なお、登記完了証を登記所で交付することを希望することもできる。

（2） 添付情報

確定登記の添付情報は次のとおりである。なお、代位によって登記申請をするときは、それらに加えて代位原因証明情報の提供も必要である（不動産登記令7条3号）。

ア 登記原因証明情報（不動産登記法61条）

「登記の原因となる事実又は法律行為」を証する情報である（不動産登記法5条2項ただし書）。単一の情報に限られず、複数の情報の組合せでも差し支えない[33]。共同申請による場合には、少なくとも登記義務者が登記原因の内容を確認したものであることを要する[34]。単独申請が認められる場合については、その内容が特定の情報に限定されている（不動産登記令7条5号ロ(1)、別表61、62、63）。

イ 登記義務者の権利に関する登記識別情報又は登記済証（不動産登記法22条、附則7条）

---

33) 河合芳光『逐条不動産登記令』65頁（金融財政事情研究会、平17）。
34) 河合・前掲注33）65頁。

単独申請が認められる場合は、不要である[35]。

ウ 代表者資格証明情報（不動産登記令7条1項1号、不動産登記規則36条1項）

申請人が法人であるときは、その代表者の資格証明情報を添付情報とする。ただし、次の場合には不要である。

① 管轄登記所が法人の登記を受けた登記所と同一であって、かつ、法務大臣が指定した登記所以外のものである場合
② 管轄登記所が法人の登記を受けた登記所と同一である登記所に準ずるものとして法務大臣が指定した登記所である場合
③ 支配人その他の法令の規定により登記の申請をすることができる法人の代理人（以下「支配人等の代理人」という）が法人を代理する場合

なお、オンライン申請による場合には、法人の代表者の不動産登記規則43条1項2号に掲げられている電子証明書（商業登記規則33条の8第2項に規定する電子証明書。以下「商業登記電子証明書」という）をもって、代表者資格証明情報に代えることができる（不動産登記規則44条2項）。

また、オンライン申請による場合には法人の代表者資格証明情報に代えて、照会番号[36]を提供することができる（不動産登記令11条）。照会番号の有効期間は100日間であり、一度使用した照会番号の再使用はできない。

エ 代理権限証明情報（不動産登記令7条1項2号、不動産登記規則36条2項）

代理人によって登記を申請するときは、代理権限証明情報を添付情報とす

---

[35] 明32・6・27民刑第1162号民刑局長回答（法務省民事局第三・四課職員編『登記関係先例要旨総覧（登記研究総索引1〜450先例の部）』709頁（テイハン、平8））、「質疑応答【7793】」登研676号183頁（平16）。
[36] 添付情報が登記事項証明書であるときは、財団法人民事法務協会の発行する「照会番号」を記載して登記事項証明書の添付に代えることができる。「照会番号」は、発行年月日と10桁の数字からなる情報であり、同協会の登記情報提供サービスにより入手することができる。法務省民事局のホームページ「オンライン登記情報提供制度の概要について　2(2)」。

Ⅳ　確定登記の手続―総論―

る。ただし、次の場合には不要である。

　①　支配人等の代理人が法人を代理して申請する場合であって、申請を受ける登記所が当該法人の支配人等の代理人の登記を受けた登記所と同一であり、かつ、法務大臣が指定した登記所以外のものである場合
　②　支配人等の代理人が法人を代理して申請する場合であって、申請を受ける登記所が当該法人の代理人の登記を受けた登記所と同一である登記所に準ずるものとして法務大臣が指定した登記所である場合

　なお、オンライン申請による場合には、法人の支配人等の代理人については、当該支配人等の代理人の商業登記電子証明書又は照会番号をもって代理権限情報の提供に代えることができる（不動産登記規則44条3項[37]、不動産登記令11条）。

---

[37]　小宮山秀史「逐条解説不動産登記規則（20）」登研726号20頁（平20）。

V

確定登記の手続
―各論と書式―

V　確定登記の手続－各論と書式－

1　申請情報及び添付情報の書式例についてのご注意

　以下に掲げる申請情報及び添付情報の書式例については、筆者の実務上の経験や慣習に基づく部分も多く、個別の登記申請の参考に供するために例として掲載するものである。したがって、必ずしも法務省の先例・通達等によらない部分もあるので、実際の登記申請に当たっては、自己の責任において活用されたい。

2　共同申請

（1）　申請情報の書式例

　【書式例1】は、特例方式[1]によりオンライン登記申請をする際の、入力済みの申請書様式を画面表示させた場合の例である。

（2）　添付情報の書式例

ア　根抵当権者からの確定請求による確定の場合

1）　平成20年1月15日に施行された不動産登記令の一部を改正する政令（平成20年政令第1号）及び不動産登記規則の一部を改正する省令（平成20年法務省令第1号）により導入された方式をいう。オンライン申請をする場合において、添付情報が書面をもって作成されているときは、不動産登記令10条及び12条2項の規定にかかわらず、当該書面を登記所に提出する方法により、添付情報を提供することを可能とする方式である。

【書式例1】 申請情報

登記申請書

登記の目的　●番根抵当権元本確定【＊1】
原因　　　　平成23年7月●●日確定【＊2】
(その他事項　元本確定すべき根抵当権【＊3】)
　　　　　　平成12年12月12日受付第123号
権利者　　　東京都中央区日本橋室町●丁目●番●号【＊4】
　　　　　　甲野一郎
義務者　　　東京都中央区日本橋室町●丁目●番●号【＊5】
　　　　　　株式会社ＡＢＣ銀行
　　　　　　代表取締役　乙野二郎
　　　　　　登記識別情報の提供の有無：無し【＊6】
　　　　　　登記識別情報を提供できない理由：登記済証を所持している【＊7】
添付情報　　登記済証（特例・送付【＊8】）【＊9】
　　　　　　登記原因証明情報（特例・送付）【＊10】
　　　　　　代表者資格証明情報（発行年月日：2009／09／19
　　　　　　　　　　　　照会番号：0123456789）【＊11】
　　　　　　代理権限証明情報（特例・送付）【＊12】

平成23年7月●●日申請
　　　東京法務局（登記所コード：0100）

代理人　　　東京都中央区日本橋室町一丁目5番15号
　　　　　　司法書士法人　大野事務所【＊13】
　　　　　　代表社員　大野静香

　　　　　　連絡先（代理人）の電話番号　03－3548－1221
登録免許税　金2,000円【＊14】
登記完了証の交付方法　オンラインによる交付を希望する【＊15】
…………………………………………………………………………
不動産の表示(1)
　　土地　不動産番号：0100123456789【＊16】
不動産の表示(2)
　　一般建物　不動産番号：0100234567890

【＊1】　根抵当権をその登記の順位番号をもって表示するが、実務上、【＊3】のとおり、根抵当権の設定登記の受付年月日及び受付番号をもって特定することがある(この場合は、登記の目的として順位番号を表示する必要はない)。

【＊2】　元本の確定の旨及びその日

付。
【＊3】 【＊1】参照。
【＊4】 根抵当権設定者。この表示は、登記記録上の表示と一致していることが必要。法人のときは、その代表者の氏名も記載。
【＊5】 根抵当権者。この表示は、登記記録上の表示と一致していることが必要。法人のときは、その代表者の氏名も記載。
【＊6】 登記識別情報を提供できる場合には、「有り」とする。
【＊7】 登記済証を添付情報とする場合の記載例。この欄を空欄にしたまま、添付情報欄に「登記済証(特例)」と記載するのみでも差し支えない(日本司法書士会連合会編『Ｑ＆Ａ不動産登記オンライン申請の実務―特例方式―』55頁(日本加除出版株式会社、平21))。
【＊8】 添付書面を別送する方法は、「送付」「持参」のいずれでも差し支えないが、郵送か持参か未確定の場合は、「特例」とのみ記載する(日本司法書士会連合会編・前掲【＊7】246頁)。
【＊9】 根抵当権の設定の登記をした際の登記済証又は登記識別情報。書式例は、登記済証を添付情報とする場合である。登記識別情報を提供するときは「登記識別情報」と記載するが、実務上は「登記識別情報提供様式」とすることもある。
【＊10】 登記の原因となる事実又は法律行為を証する情報。
特例方式による場合であって、登記原因証明情報が書面をもって作成されているときは、登記原因証明情報をPDFファイルに変換して申請情報とともに提供した上で、書面の原本は他の添付書面とともに管轄登記所に提出する。
【＊11】 申請人が法人であるときの、その代表者の資格証明情報。
当該代表者の商業登記電子証明書又は照会番号の提供をもって、代表者資格証明情報(商業登記の登記事項証明書)に代えることができる。添付省略可能な場合については、Ⅳ6(2)ウ参照。
書式例は、法人の代表者資格証明情報に代えて、照会番号を提供する場合である。
【＊12】 代理人によって登記を申請するときの、代理権限証明情報。一般的には委任状である。
支配人その他の法令の規定により登記の申請をすることができる法人の代理人が法人を代理して申請する場合、当該支配人等の代理人の商業登記電子証明書又は照会番号をもって、代理権限情報の提供に代えることができる。添付省略可能な場合については、Ⅳ6(2)エ参照。
【＊13】 代理人の氏名又は名称及び住所。法人のときは、その代表者の氏名も記載。
【＊14】 不動産1個につき、1000円。
【＊15】 オンライン申請をした場合であって、登記完了証をオンラインにより交付することを希望するときは、申請情報の「登記完了証の交付方法」欄において、「オンラインによる交付

を希望する」を選択する。

【＊16】 根抵当権の目的である不動産の表示。不動産番号を記載することにより、不動産の表示の一部（所在、地番、家屋番号等）の記載を省略することができる（不動産登記令6条1項）。

(ア) 登記原因証明情報

① 根抵当権者の確定請求の意思表示を根抵当権設定者が受領した旨の書面の例

根抵当権者が確定請求をし、民法398条の19第2項の規定によりその根抵当権が確定した場合の登記を共同申請によりするときの登記原因証明情報は、【書式例2】のように、根抵当権者からの確定請求をした書面に根抵当権設定者が受領した日を記載するとともに、記名（署名）及び押印したものである[2]。

共同申請による場合なので、当該書面の交付を受ける方法は、普通郵便でも手渡しでもよい。

② 口頭等で通知された場合

根抵当権者による確定請求が口頭でされている場合など、確定請求により確定したことを証する書面がない場合、登記原因証明情報は、【書式例3】のようなものでも差し支えない。

(イ) 委任状

【書式例4】は、登記事項の内容を知るに足る授権事項を明確に記載する委任状の例である。

---

[2] 根抵当権の確定登記を共同申請する場合の登記原因証明情報としては、根抵当権者の確定請求が根抵当権設定者に到達した旨の記載がある書面に、根抵当権者が署名又は記名押印したものでも差し支えないとする見解があるが（藤谷定勝監修『新不動産登記法一発即答800問』52頁（問181）（日本加除出版、平19））、根抵当権設定者からこの書式例による書面の交付を受ける場合には、根抵当権設定者の記名（署名）及び押印が必要と考える。

Ⅴ　確定登記の手続－各論と書式－

【書式例２】　登記原因証明情報（根抵当権元本確定のお知らせ）

根抵当権元本確定のお知らせ

平成23年7月●●日

東京都中央区日本橋室町●丁目●番●号
甲野一郎　　様

東京都中央区日本橋室町●丁目●番●号
株式会社ＡＢＣ銀行
代表取締役　乙野二郎　　　　㊞

　当行は、貴殿の所有する後記不動産に後記根抵当権の設定をいただいておりますが、今般、民法第398条の19第2項の規定により、本書面をもって後記根抵当権の担保すべき元本の確定を請求いたしますので【＊1】、通知申しあげます。

記

1．根抵当権の表示
　　東京法務局　平成12年12月12日受付第123号【＊2】
2．不動産の表示【＊3】
　　所　　在　　　中央区日本橋室町●丁目
　　地　　番　　　●番●
　　地　　目　　　宅地
　　地　　積　　　123.45平方メートル

　　所　　在　　　中央区日本橋室町●丁目●番地●
　　家屋番号　　　●番
　　種　　類　　　居宅
　　構　　造　　　木造瓦ぶき2階建
　　床　面　積　　1階　56.78平方メートル
　　　　　　　　　2階　12.34平方メートル

　　以上2筆　所有者　甲野一郎

・・・

上記書面を受領いたしました。
平成23年　　月　　日【＊4】

ご住所　　　　　　　　　　　　　　　　　　　　　　

お名前　　　　　　　　　　　　　　　　　㊞　　【＊5】

【＊1】　根抵当権の元本の確定を請求する旨を記載する（平15・12・25民二第3817号民事局長通達（登情512号140頁）第三・二参照）。

【＊2】　当該請求に係る根抵当権の設定登記の申請書の受付年月日及び受

付番号を記載する(平15・12・25民二第3817号民事局長通達・第三・二参照)。

【＊3】 当該請求に係る根抵当権の設定登記がされた物件の表示を記載する(平15・12・25民二第3817号民事局長通達・第三・二参照)。

【＊4】 根抵当権設定者にて、意思表示(書面)の受領日を記載。根抵当権が確定した日＝登記原因日となる。

【＊5】 根抵当権設定者にて記載。根抵当権設定者の記名(署名)及び押印があるもの。

【書式例３】　登記原因証明情報

登記原因証明情報

１．当事者及び不動産
　(1)　当　事　者　　権利者（甲）　東京都中央区日本橋室町●丁目●番●号
　　　　　　　　　　　　　　　　　甲野一郎
　　　　　　　　　　義務者（乙）　東京都中央区日本橋室町●丁目●番●号
　　　　　　　　　　　　　　　　　株式会社ＡＢＣ銀行
　(2)　不動産の表示　後記のとおり
２．登記の原因となる事実又は法律行為【＊１】
　(1)　平成23年7月●●日、乙は甲に対し、後記不動産上に設定された根抵当権（平成12年12月12日東京法務局受付第123号登記済）の担保すべき元本の確定を請求する意思表示をし、同日、甲はこれを受領した。【＊２】【＊３】
　(2)　よって、(1)記載の本件根抵当権の担保すべき元本は、同日確定した。【＊４】

平成23年7月●●日　東京法務局　御中
上記の登記原因のとおり相違ありません。

　　　（権利者）　東京都中央区日本橋室町●丁目●番●号
　　　　　　　　　甲野一郎　　　　　　㊞　　　【＊５】
　　　（義務者）　東京都中央区日本橋室町●丁目●番●号
　　　　　　　　　株式会社ＡＢＣ銀行
　　　　　　　　　代表取締役　乙野二郎　㊞　　【＊５】

　　　　　　　　　　　不動産の表示【＊６】
所　　　　在　　　中央区日本橋室町●丁目
地　　　　番　　　●番●
地　　　　目　　　宅地
地　　　　積　　　123.45平方メートル
所　　　　在　　　中央区日本橋室町●丁目●番地●

Ⅴ　確定登記の手続－各論と書式－

```
家 屋 番 号　　●番
種　　　　類　　居宅
構　　　　造　　木造瓦ぶき2階建
床　面　積　　1階　56.78平方メートル
　　　　　　　　2階　12.34平方メートル
```

【＊1】　登記の原因となる事実又は法律行為の内容を記載する。

【＊2】　根抵当権者からの確定請求は、要式行為ではないので、口頭によることも可能である。

【＊3】　根抵当権者からの確定請求の場合であって、確定登記を共同申請する場合には、根抵当権設定者の協力が得られるので、登記の原因となる事実又は法律行為は「当事者の合意」とすべきではないかという考え方もあるようである（「根抵当権者及び根抵当権設定者の合意」により根抵当権が確定するかについては、2（2）イ参照）。しかし、筆者が根抵当権者であれば、倒産手続等において管財人等と根抵当権者が合意する場合等を除いて、「確定請求の到達による確定」と構成する。根抵当権者からの確定請求は、その意思表示が根抵当権設定者に到達すれば根抵当権が確定するのであり、根抵当権設定者がこれを承諾する必要はなく、仮にその効果を十分に理解していなかったとしても、確定の事実が錯誤等により無効となる可能性がないからである。

【＊4】　根抵当権者からの確定請求は、根抵当権者の意思表示が根抵当権設定者に到達した時に効力を生じ、根抵当権が確定する。

【＊5】　登記権利者の記名押印又は署名（押印）及び登記義務者の記名押印又は署名（押印）が必要である。登記原因証明情報は、登記義務者が作成名義人となり、その記名押印又は署名（押印）でも足りるとする見解があるが（藤谷定勝監修『新不動産登記法一発即答800問』38頁（問140）、40頁（問142）、52頁（問181）（日本加除出版、平19））、確定請求をしたことを証する書面がない場合には、後日の紛争解決のためにも登記権利者の記名（署名）及び押印を求めるべきであろう。

【＊6】　根抵当権の目的たる不動産の表示を省略しないで記載する。

【書式例４】 委任状

```
                    委 任 状

                              平成23年    月    日【＊１】
    住   所
    ─────────────────────────────────────────
                                              印
    氏   名                                  （＊２）
    ─────────────────────────────────────────

    電話番号                            【＊３】
    ─────────────────────────────────────────

  私は、東京都中央区日本橋室町一丁目５番15号　司法書士法人大野事務所
 を代理人と定め、次の登記申請に関する一切の権限を委任します。

                      記

 １．登記の目的        根抵当権元本確定
    原因              平成23年    月    日確定【＊４】
    確定すべき根抵当権  平成12年12月12日受付第123号
    権利者            東京都中央区日本橋室町●丁目●番●号
                     甲野一郎
    義務者            東京都中央区日本橋室町●丁目●番●号
                     株式会社ＡＢＣ銀行
                     代表取締役　乙野二郎
    不動産の表示       後記のとおり
 １．登記識別情報の暗号化に関する一切の件【＊５】
 １．原本還付請求及び受領に関する一切の件
 １．復代理人選任に関する一切の件
                    不動産の表示
 １．東京都中央区日本橋室町●丁目●番●の土地
 ２．東京都中央区日本橋室町●丁目●番地●、家屋番号●番の建物
```

【＊１】　委任者にて、【＊４】以降の委任日を記載。

【＊２】　委任者の記名（署名）及び押印。

【＊３】　委任者にて、記載。

【＊４】　委任者にて、根抵当権者の確定請求の意思表示を根抵当権設定者が受領した日を記載。

【＊５】　根抵当権者の委任状について、オンライン申請により登記識別情報を提供するときは、この委任条項の記載が必要である（平20・１・11民二第57号民事局長通達（登情555号20頁）第３(2)）。

V 確定登記の手続－各論と書式－

イ 当事者の合意による確定の場合

　平成16年改正民法施行前の旧民法398条の20第1項1号の規定によれば、「担保スベキ債権ノ範囲ノ変更、取引ノ終了其他ノ事由ニ因リ担保スベキ元本ノ生ゼザルコトト為リタルトキ」には根抵当権が確定した。民法に規定される確定事由は、強行法規であり、当事者の特約によっても排除することはできないが、「其他ノ事由」に該当するものであれば、民法が規定する確定事由に加えて、当事者の特約で確定事由を追加することは可能であると解されていた[3]。そこで、根抵当権者と根抵当権設定者の「当事者の合意による根抵当権の確定」は、「其他ノ事由」に該当すると解されていた[4]。平成16年改正民法により、旧民法398条の20第1項1号が削除されたので、「当事者の合意による根抵当権の確定」の可否が問題となる。

　しかし、その後も、会社更生手続において更生管財人と根抵当権者が合意により根抵当権を確定させる等、「当事者の合意による根抵当権の確定」を実体的に認める見解があり[5]、また、登記実務もこれを認めている[6]。

　民法に規定される確定事由が限定列挙であるとしても、当事者は根抵当権の設定後においても、確定前であればいつでも合意により確定期日を定める又は変更することができ、確定期日が未登記のままであっても当事者間においてはその効力を有するのであるから、私見では、「当事者の合意による根抵当権の確定」は、「当事者の合意により定めた確定期日が未登記のまま到

---

3) 清水・逐条解説（中）51頁、貞家＝清水278頁、鈴木116頁、商事法務編・解説255頁～256頁、柚木馨＝高木多喜男編『新版注釈民法(9)』740頁（平10）、昭56・3・5民三第1431号民事局長回答（登先239号[21巻8号]115頁）29頁。
4) 柚木＝高木編・前掲注3）736頁。
5) 徳田和幸ほか編『現代民事司法の諸相　谷口安平先生古稀祝賀』479頁〔田原睦夫〕（成文堂、平17）、全国倒産処理弁護士ネットワーク編『倒産手続と担保権』73頁、79頁〔中井康之〕（金融財政事情研究会、平18）。これらは平成17年6月以降に刊行されている。弁護士法人中央総合法律事務所編著「施行直前！改正担保・執行法Ｑ＆Ａ」金法1700号47頁（Ｑ36）〔近藤恭子〕（平16）。
6) 藤谷監・前掲注2）52頁（問180）。

来した」と解することも可能であり、これを認めても差し支えないのではないかと考える。

(ア)　登記原因証明情報

共同申請による確定登記において、根抵当権者と根抵当権設定者間で、根抵当権の確定を合意した旨の記載がある書面に、根抵当権者が記名押印又は署名（押印）したものは、登記原因証明情報となる[7]。

両当事者が記名（署名）押印する形式の「根抵当権確定合意証書」については、昭56・3・5民三第1431号民事局長回答（登先239号［21巻8号］115頁）29頁に書式例（**書式例5**）がある。当該書式例により作成された書面は、現行不動産登記法においても確定登記における登記原因証明情報とすることができるが、当該書式の解説中、「条文の表示、準備書面、費用、取扱上の注意の説明」は、前記回答発出当時のままであるので注意されたい。

(イ)　委任状

書式例6 は、委任条項について、登記原因証明情報を引用して、その記載のとおりの登記申請を委任する委任状の例である。

---

[7]　藤谷監・前掲注2）52頁（問180）。

Ⅴ　確定登記の手続－各論と書式－

【書式例5】　登記原因証明情報

Ⅲ　確定の合意
(1)　用　途（関係条文　民398条ノ20①1号）

> 被担保債権の範囲として定めた取引（手形上・小切手上の債権等取引によらない債権を含む）により生ずる元本について、根抵当権者と根抵当権設定者との合意により確定させる場合

(2)　手　続

	書　類	書　類　上　の　関　係　者
準備書類	確登－3号様式	根抵当権者、根抵当権設定者、債務者
	確委－1号様式	根抵当権者、根抵当権設定者
	根抵当権設定登記済証（権利証）	根抵当権者
	商業登記簿抄本（資格証明）	根抵当権者、根抵当権設定者（ただし、東京、大阪、名古屋、横浜の各本局の場合を除き、法人の本・支店の管轄登記所と本件不動産の管轄登記所が同一のときは省略することができる。（不登法施行細則44条ノ8参照）
費用	確登－3号様式収入印紙	第14号の1文書
	確委－1号様式収入印紙	第17号文書
	登録免許税	不動産1個につき1,000円
取扱上の注意	①　被担保債権の範囲として、「一定の種類の取引」「特定の継続的取引契約」等と併せて、「取引によらない債権」（たとえば、「手形上・小切手上の債権」）をも定めている場合には、取引が終了しても元本の生ずる可能性があり、当然に確定するかどうかは事実認定の問題となろう。そこで、このような場合には、この「根抵当権確定合意証書」（確登－3号様式）により、確定したことを明確にしておくことがのぞましい。 ②　この根抵当権確定合意証書は、根抵当権者と根抵当権設定者との合意によるものであり、債務者は本来、当事者ではなく、この証書に署名する必要はないが、確定の事実を了知させるため、債務者にも署名をうけることがのぞましい。 ③　すでに事実上の取引の終了、その他の確定事由が生じている場合には、その時点において確定しているので、この確定の合意によるべきではない。 ④　共同担保物件の一つについて合意により確定させると他の物件全部についても確定する（民398条ノ17②）。これに対し、累積式根抵当の場合には、そのうちの1個の根抵当権について合意により確定させても、他の根抵当権は確定しない（民398条ノ18）。	

確登-3号様式

根抵当権確定合意証書

印紙
第14号の1 ㊞

(注1)
昭和54年10月1日

　　　　住　　所　東京都千代田区丸の内1丁目1番1号
　　根抵当権者　　　株式会社　地　方　銀　行
　　　　　　　　　代表取締役　甲　野　一　郎　㊞
(注2)
　　　　住　　所　東京都中野区中野2丁目2番2号
　　根抵当権設定者　　　　山　田　太　郎　㊞
　　　　住　　所　東京都千代田区内神田1丁目1番1号
　　債　務　者　　　株式会社　山　田　商　店
　　　　　　　　　代表取締役　山　田　太　郎　㊞

第1条（確定の合意）

　根抵当権者と根抵当権設定者は、昭和47年4月1日根抵当権設定契約により、後記物件のうえに設定した根抵当権（昭和47年4月1日横浜地方法務局神奈川出張所受付第100号登記済）の担保すべき元本が本日をもって確定することに合意しました。

第2条（債務者の承諾）

　債務者は、前条の合意について、異議なく承諾しました。

第3条（登記義務）

　根抵当権者と根抵当権設定者は、直ちに元本確定の登記手続を行うものとします。

　　　　　　　　　　　　物件の表示
(注5)
　　横浜市神奈川区西神奈川町1番
　　　宅　地　　　507.76㎡　　順位番号　1番

　　　　　　　　　　　　　　　　　　　　　　　　　　　　以上

（注1）　この証書を作成した日付を記入する。
（注2）　この証書を作成した時点における登記簿上の所有者が署名（記名）捺印する。
（注3）　根抵当権設定契約の日付を記入する。
　　　　（なお、共同担保で追加設定契約している場合は、「昭和47年4月10日根抵当権設定契約」のように並記する。）

V　確定登記の手続－各論と書式－

(注4)　根抵当権設定登記の受付年月日、管轄登記所名、受付番号を登記簿記載のとおり記入する。
　　　　（なお、登記所が2か所以上にわたる共同担保の場合は、それらの受付年月日、管轄登記所名、受付番号を括弧内の「登記済」の前に、次のように並記する。
　　　　「昭和47年4月1日横浜地方法務局神奈川出張所受付第100号、昭和47年4月10日岐阜地方法務局北方出張所受付第75号登記済」）
(注5)　根抵当権設定契約により設定された根抵当物件および本件根抵当権の登記簿上の順位番号を記入する。
　　　　（なお、共同担保の場合はすべての物件を記入する。）

出典：登先236号［21巻8号］115頁（29頁～31頁）

【書式例6】　委任状

委　任　状

平成23年7月　　日【＊1】

東京都中央区日本橋室町●丁目●番●号
株式会社ＡＢＣ銀行
代表取締役　乙野二郎　　印

　私は、東京都中央区日本橋室町一丁目5番15号　司法書士法人　大野事務所を代理人と定め、次の登記申請に関する一切の権限を委任します。

記

1．登記原因証明情報たる平成23年7月●●日付根抵当権確定合意証書記載のとおりの根抵当権元本確定登記申請に関する一切の件【＊2】
1．登記識別情報の暗号化に関する一切の件【＊3】
1．原本還付請求及び受領に関する一切の件
1．復代理人選任に関する一切の件

【＊1】　根抵当権の確定日以降の委任日を記入。
【＊2】　この振り合いによる場合には、登記原因証明情報の内容として、不動産の特定等、委任事項に必要な要件の記載があることが必要である（藤谷定勝監修『新不動産登記法一発即答800問』62頁（問212）（日本加除出版、平19））。
【＊3】　【書式例4】の【＊5】参照。

3　不動産登記法93条による単独申請

(1)　根抵当権者からの確定請求

ア　申請情報の書式例

【書式例7】は、書面申請による申請情報の例である。

イ　添付情報の書式例

(ア)　登記原因証明情報（確定請求書及び配達証明書）

① 　登記原因証明情報の必要的要件

　民法398条の19第2項の規定による請求をしたことを証する情報（不動産登記令別表61）である。この請求をしたことを証する情報は、次の事項が記載されたもので、かつ、当該請求が配達証明付内容証明郵便により行われたことを証するものであることを要する（【書式例8】参照）[8]。これは、内容証明郵便により根抵当権者の意思表示を客観的に認識することができ、配達証明書（【書式例9】参照）によりその意思表示が根抵当権設定者に到達したことが証明されるからである。

　　a　元本の確定を請求する旨
　　b　当該請求に係る根抵当権の設定登記がされた物件の表示
　　c　当該設定登記の申請書の受付年月日及び受付番号

---

[8]　平15・12・25民二第3817号民事局長通達（登情512号140頁）第三・二。

V 確定登記の手続-各論と書式-

【書式例7】 申請情報

登記申請書

登記の目的　　●番根抵当権元本確定【＊1】
原因　　　　　平成23年7月●●日確定【＊2】
(元本確定すべき根抵当権【＊3】)
　　　　　　　平成12年12月12日受付第123号
権利者　　　　東京都中央区日本橋室町●丁目●番●号【＊4】
　　　　　　　甲野一郎
義務者（申請人）【＊5】
　　　　　　　東京都中央区日本橋室町●丁目●番●号【＊6】
　　　　　　　株式会社ＡＢＣ銀行
　　　　　　　代表取締役　乙野二郎
添付情報　　　登記原因証明情報【＊7】
　　　　　　　代表者資格証明情報【＊8】
　　　　　　　代理権限証明情報【＊9】

送付の方法により登記完了証の交付を希望します【＊10】
送付先の住所　資格者代理人の事務所
平成23年7月●●日申請　東京法務局
代理人　　　　東京都中央区日本橋室町一丁目5番15号
　　　　　　　司法書士法人　大野事務所【＊11】
　　　　　　　代表社員　大野静香
　　　　　　　連絡先（代理人）の電話番号　03-3548-1221
登録免許税　　金2,000円【＊12】

不動産の表示【＊13】
　専有部分の表示
　　不動産番号　　0100123456789

　敷地権の表示
　　符　　　号　　1
　　敷地権の種類　所有権
　　敷地権の割合　12345分の123

【＊1】【書式例1】の【＊1】に同じ。
【＊2】【書式例1】の【＊2】に同じ。
【＊3】【書式例1】の【＊3】に同じ。
【＊4】【書式例1】の【＊4】に同じ。
【＊5】 単独申請である場合の申請人をこのように表示する。
【＊6】【書式例1】の【＊5】に同じ。
【＊7】 民法398条の19第2項の規定による請求をしたことを証する情報（不動産登記令別表61）。

3 不動産登記法93条による単独申請

【＊8】 申請人が法人であるときの、その代表者の資格証明情報。Ⅳ6（2）ウ参照。

【＊9】 代理人によって登記を申請するときの、代理権限証明情報。一般的には委任状である。Ⅳ6（2）エ参照。

【＊10】 平成23年6月27日以降にオンライン申請した登記については、当分の間、登記完了証を書面により交付することを申し出ることができるので、この場合には、申請情報の「登記完了証の交付方法」欄において、「送付の方法による交付を希望する」を選択し、申請情報の「その他事項」欄に送付先の住所を記録する（不動産登記規則182条2項）。

書面申請の場合であって、送付の方法により登記完了証の交付を希望するときは、申請情報の適宜の欄に、その旨及び送付先の住所を記載する（不動産登記規則182条2項）。

【＊11】 【書式例1】の【＊13】に同じ。
【＊12】 【書式例1】の【＊14】に同じ。
【＊13】 【書式例1】の【＊16】に同じ。

※根抵当権者の権利に関する登記識別情報の提供又は登記済証の提出は不要である（「質疑応答【7793】」登研676号183頁（平16））。

【書式例8】 登記原因証明情報（確定請求書）

根抵当権元本確定請求書

平成23年7月6日

被通知人（根抵当権設定者）
　東京都中央区日本橋室町●丁目●番●号
　甲野一郎　　様

通知人（根抵当権者）
　東京都中央区日本橋室町●丁目●番●号
　株式会社ＡＢＣ銀行
　代表取締役　乙野二郎　　㊞

　通知人株式会社ＡＢＣ銀行は、貴殿の所有する後記不動産に後記根抵当権の設定を受けております。
　今般、民法第398条の19第2項の規定に基づき、後記根抵当権の担保すべき元本の確定を請求いたしますので【＊1】、通知申しあげます。

記

1．根抵当権の表示

V 確定登記の手続－各論と書式－

```
           東京法務局
           平成12年12月12日受付第123号【＊2】
    2．不動産の表示【＊3】
        一棟の建物の表示
          所在        中央区日本橋室町●丁目●番地1
          建物の名称      日本橋室町マンション
        専有部分の建物の表示
          家屋番号      日本橋室町●丁目●番1の1
          建物の名称     101
          種類        居宅
          構造        鉄筋コンクリート造1階建
          床面積       1階部分　12.34㎡
                    所有者　甲野一郎

        敷地権の表示
          所在及び地番    中央区日本橋室町●丁目●番1
          地目        宅地
          地積        123.45㎡
          敷地権の種類    所有権
          敷地権の割合    123分の12

  この郵便物は平成23年7月6日第12345号
  書留内容証明郵便物として差し出したことを証明しま
  す。

                    郵便事業株式会社【＊4】
```

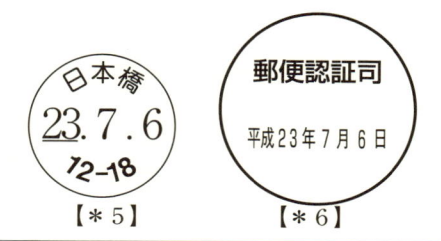

（日本橋 23.7.6 12-18 消印）【＊5】　　（郵便認証司 平成23年7月6日）【＊6】

【＊1】　民法398条の19第2項の規定に基づき根抵当権の元本の確定を請求する旨を記載する。
【＊2】　当該請求に係る根抵当権の設定登記の申請書の受付年月日及び受付番号を記載する。
【＊3】　当該請求に係る根抵当権の設定登記がされた物件の表示を記載する。
【＊4】　内容証明郵便物を差し出した旨の記載がされる。
【＊5】　通信日付印が押印される。
【＊6】　内容証明の取扱いに係る認証印が押印される。

※内容証明郵便（電子内容証明サービスを含む）の作成及び取扱方式は、郵便法等に定められているので、これに従う必要がある（詳細は郵便事業株式会社等に問い合わせるとよい）。

【書式例9】 登記原因証明情報

（表面）

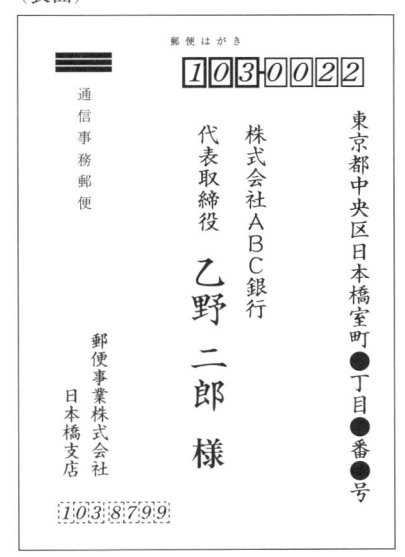

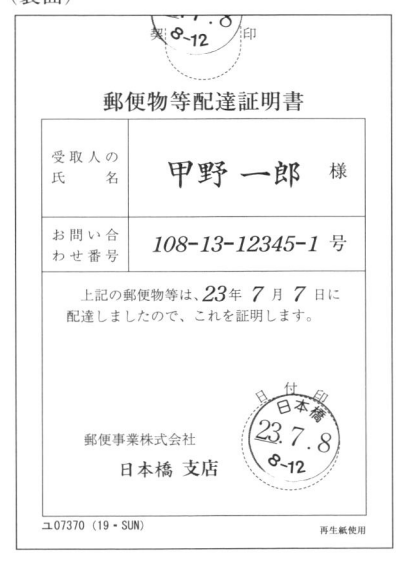

（裏面）

Ⅴ　確定登記の手続－各論と書式－

② 確定請求書（内容証明郵便）に関して明らかにされている実務上の取扱い

(ⅰ) 記載要件等

　根抵当権者からの確定請求により根抵当権を確定させるためには、その時点における根抵当権設定者（破産管財人等の財産の管理・処分権限を有する者又は承継人を含む。以下これらを総称して「根抵当権設定者」という）にその意思表示が到達しなければならない。したがって、確定請求は、その時点における根抵当権設定者の住所及び氏名（本店及び商号）等に宛てて送付することとなる。

　確定請求書（内容証明郵便）の内容についての必要的記載事項は前述したが（①参照）、その他に明らかとされている実務上の取扱いは【図表６】のとおりである。必要的要件に加えて、事案によりこれらの要件を満たした根抵当権者からの確定請求書（内容証明郵便）及び配達証明書を添付することにより、根抵当権者の単独申請による確定登記を申請することができる。

(ⅱ) 共同根抵当権の場合の不動産の表示

　共同根抵当権の場合に、確定請求書（内容証明郵便）に記載すべき根抵当権及び不動産の表示については、平成16年改正民法施行後の通達等に特に指摘がないので、債権譲渡円滑化法による取扱いがそのまま類推適用できるか否かについては疑問がある。

　まず、確定請求書（内容証明郵便）＝登記原因証明情報の不動産の表示について省略型の記載が認められるかである。旧不動産登記法（明治32年法律第24号。以下「旧不動産登記法」という）における登記原因証書の不動産の表示については「〇〇番〇〇の土地」「家屋番号〇〇番〇〇の建物」等の記載方式が認められていたが、現行不動産登記法（平成16年法律第123号）による登記原因証明情報に関する取扱いでは、当該記載方式を認めないとする見解がある。したがって、登記原因証明情報としての確定請求書（内容証明郵便）に関し、この取扱いが認められるかについて、否定的に考える方が安全であるが、明らかではない（【図表６】⑬－１）。なお、債権譲渡円滑化法

における取引終了通知書は、登記原因証書ではなく、その他の添付書類としての位置づけであったので、この点からも現行の登記原因証明情報の記載事項に類推適用するのは困難ではないかと考える。ちなみに、現行の取扱いにおいて、登記原因証明情報以外の添付情報——例えば、委任状——については、不動産の表示の記載について省略型の記載が認められている。

次に、共同根抵当権の設定者がＡＢである場合には、ＡＢ両名に対して確定請求をする必要がある（【図表６】⑥）が、根抵当権設定者Ａに対する確定請求書（内容証明郵便）には、Ａの所有する担保物件並びにこれに設定された根抵当権の受付年月日及び受付番号の記載で足りるのであろうか、それとも根抵当権設定者Ｂの所有する担保物件並びにこれに設定された根抵当権の受付年月日及び受付番号の記載も必要なのであろうか。

これに関し、債権譲渡円滑化法による取扱いではあるが、確定登記を単独申請するための債務者に対する取引終了通知[9]には、共同担保関係にあるすべての根抵当権の受付年月日及び受付番号の記載を要するとするもの（【図表６】⑫）と、共同根抵当権であればそのうちの一部の不動産上の根抵当権について通知されている場合であっても共同担保物件全部について確定登記の単独申請ができるとするもの（【図表６】⑬－２）がある。

平成16年改正民法施行後において、複数の根抵当権設定者かつ複数の根抵当権の受付年月日及び受付番号をもって登記を受けた共同根抵当権（管轄登記所が複数の場合もある）につき、根抵当権設定者各人に対する確定請求書（内容証明郵便）の内容が、一の根抵当権設定者の所有する担保物件とこれに設定された根抵当権の受付年月日及び受付番号で足りるか、複数の根抵当権の受付年月日及び受付番号の全部が記載されていれば物件表示は共同担保物件のうちの一部で差し支えないのか等については明らかではない。

---

[9] 債権譲渡円滑化法により確定登記を単独申請するためには、根抵当権の債務者宛てに取引終了通知を送付する必要があった。平10・10・23民三第2068号民事局長通達（登情447号67頁）。

3点目として、根抵当権設定後に分・合筆があった場合に、確定請求書（内容証明郵便）の不動産の表示は、分・合筆前のものであっても差し支えないのであろうか。これにつき、債権譲渡円滑化法による取扱いでは、根抵当権設定の受付年月日及び受付番号、共同担保目録等から取引終了通知と登記申請書に記載されている物件の同一性が確認できれば差し支えないとされていた（【図表6】⑬-3）。また、抵当権設定後に分・合筆された土地の抵当権を抹消する場合、登記済証に解除した旨の奥書があれば登記原因証明情報として認められるとする取扱いがある（【図表6】⑬-3）が、根抵当権者が新しく作成すべき確定請求書の不動産の表示にこれらが類推適用できるかについては明らかではない。

 なお、債権譲渡円滑化法による取引終了通知は、根抵当権の債務者に対してされるものであり、根抵当権者の関与なしに根抵当権の債務者を変更することはできないが、平成16年改正民法による根抵当権者からの確定請求は根抵当権設定者に対してされるものであるところ、根抵当権設定者は根抵当権者の関与なしにその所有権を第三者に移転することができるので（つまり、根抵当権者が了知していないところで根抵当権設定者が変更されている可能性がある）、根抵当権者にとって、確定請求をする時点での登記記録を確認しないまま確定請求書を作成することは、リスキーである。

 確実に言えるのは、確定請求書（内容証明郵便）には、共同根抵当権の管轄登記所が複数であるか又は根抵当権設定者が複数であるか否かにかかわらず、共同担保物件の全部並びにこれらに設定された根抵当権の受付年月日及び受付番号の全部の記載をし、また、確定請求時点での物件表示を省略しない形式で記載していれば、根抵当権の確定登記を単独申請することができるということである。登記情報提供サービス等で確認の上、最新の情報に基づいて確定請求書（内容証明郵便）を作成するに越したことはない。

(iii) 確定請求書（内容証明郵便）の留置期間経過による不到達（【図表6】⑯⑰）

 実務上、確定請求書（内容証明郵便）が留置期間経過により差出人に還付

され、根抵当権設定者に到達しない場合が少なくない。内容証明郵便が留置期間経過によって差出人に還付された場合において、受取人が不在配達通知書の記載等によってその内容を十分に推知することができ、受領の意思があれば、郵便物の受取方法を指定することによって、さしたる労力や困難を伴わずに当該郵便物を受領することができるので、遅くとも留置期間が満了した時点で意思表示が到達したものと認めることができるとする最高裁判例があるものの、「債権者からの内容証明郵便」というだけでは、その内容が「根抵当権の確定請求」に関するものであるとの推測は困難であると思われる。したがって、確定請求書（内容証明郵便）が留置期間経過により差出人に還付された場合には、原則として確定登記を単独申請することができない。ただし、例外として、根抵当権者と根抵当権設定者が根抵当権の確定について事前に協議連絡をしたことが確認できる資料等により、確定請求通知が根抵当権設定者に到達したと登記官が認めることができるときは、確定登記を受理して差し支えないとする見解がある。

　また、根抵当権設定者が債務整理中であり、その受任弁護士等を介して説明をした上で確定請求書を送付したにもかかわらず、根抵当権設定者本人の不在による留置期間経過により確定請求書（内容証明郵便）が還付されてしまうという場合がある。前記例外を認める見解によれば、根抵当権設定者本人が郵便物の内容を十分に推認できる場合として、その旨の上申書等を添付することによって、根抵当権者の単独申請による確定登記が認められる場合もあり得ることになる。しかし、迅速・画一的な処理をせざるを得ない登記所において、共同申請が原則の類型の権利の登記について、一方当事者の事情説明のみによって単独申請を可とする判断がされても、後日になって民事裁判によって個別具体的な事情が詳細に検討された結果、確定請求の意思表示が不到達であったと事実認定され、根抵当権の確定効が否定されるというリスクはないのであろうか。私見としては、確定登記を了したからといって、実体的な法律関係としての根抵当権の確定効が保証されるわけではないので、慎重に対応すべきであると考える。

Ⅴ　確定登記の手続－各論と書式－

【図表6】　確定請求に関して明らかにされている実務の取扱い一覧表

※対処方法等及び参考文献中の★マークは、平成16年改正民法施行前＝債権譲渡円滑化法において、根抵当権の債務者に対して取引終了通知書を送付する場合の取扱いである。現行、根抵当権設定者に対して確定請求書を送付する場合にも類推適用されると考えられるものをピックアップした。

●名宛人について

番号	根抵当権設定者	問題点	対処方法等	参考文献
①	個人	根抵当権設定者に相続開始	・根抵当権設定者の相続人全員に確定請求通知を発送する必要がある。なお、相続人が複数存在する場合、根抵当権が確定する日は、最後の相続人に確定請求通知が到達した日である。 ・前提登記として、相続による所有権移転登記を代位申請する必要がある。	・登研677号213頁～215頁 ・登研681号252頁 ★登研617号159頁
②	法人	登記事項証明書上の本店所在地宛てに送付したが、宛先不明で返送	★代表取締役個人の住所に宛てて送付しても差し支えない。ただし、代表取締役に対しての送付なので、氏名と併せて会社名と役職名を冠記するのが相当である。	★登研614号140頁～141頁
			★本店所在地に実体が存在しない旨の根抵当権者の上申書等の添付は不要である。	★登イン2巻2号114頁
③		休眠会社の代表取締役宛ての送付	★当該法人の代表権限の有無が不明なので、認められない。	★登研614号141頁～142頁
			★休眠会社の清算人登記を了していることを要する。	★登イン2巻2号115頁
④		破産→破産管財人が選任	破産管財人宛ての確定請求が可能である。 →（私見）受領権限を証するため、破産管財人の資格を証する書面も必要である。	登研706号207頁～212頁
⑤	個人 法人	根抵当権設定物件が共有	・共有者全員に確定請求をする必要がある。 ・根抵当権が確定する日は、最後の共有者に確定請求が到達した日である。	登研698号257頁～261頁

3　不動産登記法93条による単独申請

番号	根抵当権設定者	問題点	対処方法等	参考文献
⑥		根抵当権設定物件が複数で、所有者が異なる	・根抵当権設定者（所有者）全員に確定請求をする必要がある。 ・根抵当権が確定する日は、最後の根抵当権設定者（所有者）に確定請求が到達した日である。	登研698号257頁～261頁 登研698号257頁～261頁
⑦		共有根抵当権の場合	★共有根抵当権者各人が発送した通知証明書の全部の添付を要する。	★登イン2巻2号115頁
⑧	個人 法人	債務整理の受任弁護士・司法書士等を名宛人とすることの可否	根抵当権の確定請求を受任弁護士に対して行うことが相当であると認められる場合には、当該弁護士からの受任通知及び当該弁護士宛ての確定請求書（内容証明郵便）並びに配達証明書等で確定登記を単独申請することができるとする見解がある。 →（私見）根抵当権の被担保債権額が司法書士の簡裁訴訟代理権の範囲内であるときは、受任司法書士が確定請求を受領しうる権限を有するかについては明らかではない。	登イン115号157頁
⑨	法人	代表取締役宛てに送付をする場合	★代表取締役の住所を証する書面として会社の登記事項証明書が必要である。 ★代表取締役の住所と会社の登記事項証明書上の住所が相違する場合、連続性を証する変更証明書が必要である。	★登研614号141頁
⑩	個人 法人	根抵当権設定後に住所・本店所在地、氏名・商号が変更	前提として、代位による所有権登記名義人住所（本店、氏名、商号）変更登記を申請する必要がある。 →確定請求時点における根抵当権設定者の住所・本店所在地・氏名・商号に宛てて送付する必要がある。	・登研698号261頁 ★登研614号163頁
⑪		根抵当権設定者が外国に在住	★外国郵便で通知書を発した旨の根抵当権者の証明書及び郵便物受領通知書で足りる。	★登研620号233頁

Ⅴ 確定登記の手続－各論と書式－

●確定請求の内容について

番号	問題点	対処方法等（確定請求の内容）	参考文献
⑫	共同根抵当権の場合	★共同担保関係にあるすべての根抵当権の受付年月日及び受付番号の記載を要する。	★登研617号161頁
⑬-1	共同根抵当権の場合の不動産の表示（省略型の記載の可否）	★土地については所在及び地番、建物については所在及び家屋番号程度の記載で足りる。 →（私見）現行の不動産登記実務の取扱いでは、登記原因証明情報の不動産の表示は、「○○番○○の土地」「家屋番号○○番○○の建物」等の省略した記載方式を認めないとする見解もあるので、上記の取扱いが認められるかについては否定的に考える方が安全であろう。	★登研614号139頁～140頁 平17・3・17東京法務局実務協議会協議事項（東京司法書士会千代田・中央・文京支部）質問③に対する回答
⑬-2	共同根抵当権の場合の不動産の表示（担保物件のうちの一部の物件に対する通知の効力）	★共同根抵当権であれば、担保物件のうちの一部の物件上の根抵当権について通知されている場合であっても、共同担保物件全部について確定登記を単独申請することができる。 →後記⑬-3も参照されたい。 →（私見）少なくとも根抵当権設定者が複数の場合には、全員に確定請求をする必要があるので、そのうちの一部の者に対する確定請求の到達では足りないと考える。 →（私見）共同根抵当権の設定者が1人である場合、担保物件のうちの一部の物件しか確定請求書（内容証明郵便）に記載されていないときでも、共同担保物件全部について確定登記を単独申請することができるか否かについては不明。	★登研614号139頁～140頁 登研698号257頁～261頁

3 不動産登記法93条による単独申請

番号	問題点	対処方法等（確定請求の内容）	参考文献
⑬-3	共同根抵当権の場合の不動産の表示（設定後に分・合筆があった場合の不動産の表示）	★分・合筆前の不動産の表示が記載されていても、根抵当権設定時の登記の申請書の受付年月日及び受付番号、共同担保目録等から、取引終了通知と確定登記の申請情報に記載されている物件の同一性が確認できれば差し支えない。	★登研613号88頁 ★登研614号139頁〜140頁
		→（私見）分筆後の担保物件の所有者に変更がある場合には、担保物件の所有者全員に確定請求通知をする必要があるので、そのうちの一部の者に対する確定請求の到達では足りないと考える。	登研698号257頁〜261頁
		→（私見）抵当権設定後に分・合筆された土地の抵当権を抹消する場合、登記済証に解除した旨の奥書があれば登記原因証明情報として認められるとする取扱いがあるが、確定請求書（内容証明郵便）について類推適用できるか否かについては、疑問がある。	藤谷定勝監修『新不動産登記法一発即答800問』48頁（問167)、50頁（問172、問173、問174）

●確定請求不到達の場合について

番号	確定請求不到達の態様	対処方法等（若しくは効果等）	参考文献
⑭	受領拒否	・郵便物を正当な理由なく受領拒否した場合、本来到達すべき時に到達したものとみなされるので、受領拒否の時点で確定の効力が生じる。 ・当該郵便物には、受領を拒否された旨が記載されて差出人に返却される。	・大審院昭11・2・14（民集15巻2号158頁） ・登研676号181頁〜182頁 ・登研677号89頁
⑮	行方不明	民法97条の2による意思表示の公示送達（公示による意思表示）の手続によることが可能である。	・登研676号181〜182頁 ・登研677号89頁

Ⅴ 確定登記の手続－各論と書式－

番号	確定請求不到達の態様	対処方法等（若しくは効果等）	参考文献
⑯	留置期間経過	・原則確定登記を単独申請することはできない。	・最一小判平10・6・11（金法1525号54頁）参照
		・根抵当権者と根抵当権設定者が根抵当権の確定について事前に協議連絡をしたことが確認できる資料等により、確定請求書が根抵当権設定者に到達したと登記官が認めることができるときは、留置期間が満了した旨が記載された確定請求書（内容証明郵便）及び確定請求書が根抵当権者に到達したと認められる資料で、単独申請することができるとする見解がある。	・登イン115号156頁
⑰	留置期間経過＋債務整理の受任弁護士・司法書士を介して説明済み	原則確定登記を単独申請することはできない。	・最一小判平10・6・11（金法1525号54頁）参照
		→（私見）事情説明の上申書等を添付すれば、上記⑯の類似の事案として単独申請できる余地があり得るのではないか。 →（私見）被担保債権額によるが、確定請求通知の受領についての代理権が司法書士にない場合には、消極的。	・登イン115号156頁

(iv) 根抵当権設定者が債務整理中の場合(【図表6】⑧)

　弁護士・司法書士等から根抵当権設定者の債務整理の受任通知を受領した貸金業者は、根抵当権設定者に対する取立行為の規制を受けることとなり、以後は、貸金業者は、貸金債権等に関する事務連絡を当該弁護士・司法書士等に宛ててすることとなる（貸金業法21条1項9号参照）。また、銀行は、銀行法の適用を受けるので貸金業法の適用を受けることはなく[10]）、銀行法に貸金業法21条1項9号類似の規定は存在しないが、債務整理の委任関係の確認後は、一般的には、上記と同様の対応をすることが多い。

　この場合、確定請求書（内容証明郵便）が、根抵当権設定者を名宛人として送付されて到達したものである場合には、問題なく確定登記を単独申請することができる。

　債務整理の受任通知の受領後に、根抵当権者たる銀行又は貸金業者が確定請求書（内容証明郵便）を根抵当権設定者本人に送付したとしても、前述の取立行為の規制には抵触せず、違法性はないと考える。銀行はそもそも貸金業法の適用を受けない。貸金業者については、貸金業法21条1項各号による取立行為の規制の趣旨は、貸金業者による厳しい取立行為を防止するというものであり、同項9号に規定される弁護士・司法書士等の受任後に規制されるのは、正当な理由がないのに、架電・ＦＡＸ・訪問等により債務の弁済をすることを直接債務者等に要求することであるところ、根抵当権の確定請求をする旨の通知が同項9号に該当する行為であるとは言い難いからである。

　では、確定請求書（内容証明郵便）を、債務整理中の根抵当権設定者の代理人である弁護士に対して送付し到達した場合には、確定登記を単独申請することができるであろうか。この場合について、弁護士からの受任通知が貸金業法21条1項9号に基づくものであって、かつ、当該弁護士が根抵当権設定者の代理人として根抵当権の被担保債務の処理に関する一切の権限を委任されていることが明らかな場合であるなど、根抵当権の確定請求を当該弁護

---

10) 貸金業法2条1項2号、銀行法2条、東京高判平20・7・8（金法1865号56頁）。

士に対して行うことが相当であると認められる場合には、当該弁護士宛てに確定請求をして差し支えないとする見解がある[11]。しかし、前記(iii)と同様に、「弁護士の代理権の範囲」の事実認定によっては、確定登記を了しても後日になって実体的な確定効が否定されるリスクはないわけではないと考える。

なお、根抵当権の被担保債権額が司法書士の簡裁訴訟代理権の範囲（訴額又は経済的利益が140万円以内）を超えない場合において、債務整理の受任司法書士が根抵当権者の確定請求を受領しうる権限を有するかについては明らかではない。

③　確定請求書（内容証明郵便）に関するその他の論点と筆者の私見

(i)　確定後の確定請求の可否（【図表7】⑱⑲⑳㉑）

根抵当権者から法人たる根抵当権設定者の破産管財人に対する確定請求を原因とする確定登記の単独申請が認められているので、これを類推適用すれば、実体的には既に確定している場合であっても、根抵当権者からの確定請求による確定登記の単独申請が認められる。登記と実体の齟齬が生じ得るとしても、実体上の確定後に追加融資をすること等は考え難いので、これによって何らかの不都合が生じることもないであろう。

(ii)　単独申請と共同申請の複合型の登記申請の可否（【図表7】㉒）

根抵当権設定者が複数の場合、そのうちの一部の者については確定請求書（内容証明郵便）及び郵便物等配達証明書、他の者については、その協力を得て委任状等の添付情報を提供して——単独申請と共同申請の複合型というべきか——確定登記を申請することは認められるのであろうか。

複数の登記義務者の一部につき判決を得て、他の登記義務者とともに登記申請をすることが認められているので、類推すれば可能ではないかと考えるが、明らかではない（筆者は具体的事案に遭遇した経験がない）。

(iii)　作成名義人が法人の代表者ではない場合（【図表7】㉓）

---

[11]　「登記官の窓　根抵当権者による元本確定請求と元本確定の登記申請について」登イン115号157頁（平21）。

3 不動産登記法93条による単独申請

【図表7】 確定請求に関する筆者の経験・私見一覧表

※筆者の経験及び私見等に基づく実務上の取扱いを一覧にした。
●名宛人について

番号	根抵当権設定者	問題点	対処方法等	参考文献
⑱	個人	債務者（兼根抵当権設定者）に相続開始＋指定債務者の合意の登記がされないまま6か月が経過し、根抵当権が確定	・他の事由により、登記記録上根抵当権が確定していることが明らかでない場合には、根抵当権者から根抵当権設定者の相続人に対して確定請求をすることにより確定登記が可能であると考える。 ・所有権について相続登記を了している場合には、所有権の登記名義人のみに対する確定請求で足りよう。根抵当権設定者について相続登記未了の場合には、【図表6】①参照。	登 研706号207頁～212頁を類推適用
			・債務者と根抵当権設定者が同一人であることを証明する書類等（設定当時の登記済証等）を添付情報として、確定登記の単独申請が認められるかについては、これを可とする法改正がなされるか通達等が発出されない限り困難である。	
⑲		破産→同時破産廃止、異時破産廃止、破産終結、同意破産廃止、権利放棄	・登記記録上根抵当権が確定していることが明らかでない場合には、根抵当権者から根抵当権設定者への確定請求による確定登記が可能であると考える。 ・権利放棄の場合を除き、破産廃止等による確定効の覆滅の有無については見解が分かれているが（Ⅱ1(10)イ参照）、これらの場合に確定効が覆滅していると仮定すれば、当然に根抵当権設定者に対する確定請求が可能である。	登 研706号207頁～212頁を類推適用

V　確定登記の手続－各論と書式－

番号	根抵当権設定者	問題点	対処方法等	参考文献
⑳	個人	破産→破産管財人が選任	・根抵当権者から根抵当権設定者の破産管財人への確定請求による確定登記が可能であると考える。この場合、受領権限を証するため、破産管財人の資格を証する書面も必要である。	登研706号207頁～212頁を類推適用
㉑	個人法人	第三者による競売手続の開始・滞納処分による差押えの事実を了知した後、2週間経過済み	・根抵当権者から根抵当権設定者への確定請求による確定登記が可能である。	登研706号207頁～212頁を類推適用

●申請の態様について

番号	問題点	対処方法等	参考文献
㉒	一部単独申請・一部共同申請の可否	・可能ではないかと考えるが、不明。	登研413号95頁
㉓	法人の代表者として登記されていない支店長等が確定請求通知書の作成名義人	・可能ではないかと考えるが、不明。	登研688号265頁 藤谷定勝監修『新不動産登記法一発即答800問』28頁（問101～問103)、30頁（問105～問110)

　確定請求書の作成名義人が、法人の代表者として登記されていない支店長や営業部長等の場合、確定登記を単独申請することは認められるのであろうか。法人の代表者に代わる者が登記原因証明情報を作成する場合には、法人の代表者からその者宛ての業務権限証明書又は包括委任状、社内規定等を提供して登記申請をすることが認められているので、類推すれば可能ではないかと考えるが、明らかではない（筆者は具体的事案に遭遇した経験がない）。

ウ　委任状

　2(2)ア(イ)【書式例4】参照。なお、オンライン申請をする場合であっても、根抵当権者の委任状には、「登記識別情報の暗号化に関する一切の件」

の委任条項は不要である。

（２） 第三者による競売手続の開始・滞納処分による差押えがされている場合

ア　申請情報の書式例

　書面申請による申請情報の例は、（１）ア【書式例７】と同様である。この申請は、確定した根抵当権又はこれを目的とする権利の取得の登記の申請と併せてしなければならない（不動産登記法93条ただし書）。

　申請情報に記載する確定日は、催告書等・通知書等（後記イ(ｱ)参照）の発出の年月日の翌日から起算して２週間を経過していることを要する[12]。

　なお、この申請は単独で行われることから、根抵当権者の権利に関する登記識別情報の提供又は登記済証の提出は不要である[13]。

イ　添付情報の書式例

(ｱ)　登記原因証明情報（催告書等又は通知書等）

①　登記原因証明情報の必要的要件

　民事執行法49条〔開始決定及び配当要求の終期の公告等〕２項（同法188条〔不動産執行の規定の準用〕において準用する場合を含む）の規定による催告又は国税徴収法55条〔質権者等に対する差押えの通知〕（同条の例による場合を含む）の規定による通知を受けたことを証する情報（不動産登記令別表62）である。

　第三者による競売手続の開始による差押えがされている場合には、執行裁判所の裁判所書記官から根抵当権者に対して送付された催告書又はその写し

---

[12]　平10・10・23民三第2069号民事局長通達（登情447号71頁）第一・二（4）。
[13]　「質疑応答【7793】」登研676号183頁（平16）。

(以下、総称して「催告書等」という）が該当する[14]。

　滞納処分による差押えがされている場合には、税務署長等から根抵当権者に対して送付される差押通知書又はその写し（以下、総称して「通知書等」という）が該当する[15]。

　催告書等又は通知書等には、発出年月日及び競売又は差押えに係る物件の表示の記載が必要である[16]。

※【書式例10】、【書式例11】参照。

② 登記原因証明情報（催告書等・通知書等）に関して明らかにされている実務上の取扱い

(i) 差押通知書の代替物

　国税徴収関係法令には差押通知書の再発行の制度がないので、これを紛失したときは、根抵当権者が差押通知書等の発行権者である税務署長等に対して、根抵当権者の住所・氏名、物件及び根抵当権の表示を明記して、当該物件に係る差押えの年月日及び差押通知書の発出年月日の照会をし、税務署長等がこれに対する回答書でその内容を証明したならば、当該照会書と回答書をもって、差押通知書に代えることができる。実質的に差押通知書と同等の内容を有していれば、差押通知を受けたことを証する書面となり得るのであ

---

14) 平10・10・23民三第2069号民事局長通達第一・二（1）、藤谷監・前掲注2）58頁（問199）。なお、催告書の写しを添付情報とする場合でも、いったんは原本を提出し、原本還付請求の手続によることを要するとされている（「質疑応答【7693】」登研618号183頁（平11））。ところで、当該通達において「催告書の写し」も該当するとされているが、その取扱いを筆者は知らない。当該通達は現行不動産登記法施行前のものであり、現行法施行後、この点についての見解がないので、本稿では「催告書又はその写し」を「催告書等」としておく。
15) 平10・10・23民三第2069号民事局長通達第一・二（1）。なお、通知書の写しを添付情報とする場合でも、いったんは原本を提出し、原本還付請求の手続によることを要するとされている（「質疑応答【7693】」登研618号183頁（平11））。なお、当該通達において「通知書の写し」も該当するとされているが、その取扱いを筆者は知らない。当該通達は現行不動産登記法施行前のものであり、現行法施行後、この点についての見解がないので、本稿では「通知書又はその写し」を「通知書等」としておく。
16) 平10・10・23民三第2069号民事局長通達第一・二（2）。

3　不動産登記法93条による単独申請

【書式例10】　債権届出の催告書（私債権者用）

平成23年（ケ）第1234号

債権届出の催告書

株式会社ABC銀行殿

　　　　　　　　　　　平成23年●●月●●日
　　　　　　　　　　　●●地方裁判所●●支部民事執行係
　　　　　　　　　　　　　裁判所書記官　司法治郎　　　㊞

　別紙当事者目録記載の債権者の申立により、同目録記載の所有者が所有する別紙物件目録記載の不動産について、担保不動産競売の開始決定がされ、配当要求の終期を平成23年●月●日と定めたので、同日までに、同封の「債権届出書」に下記の事項を記載して債権届出をすることを催告します。

記

1　債権（利息その他の附帯の債権を含む。）の存否並びにその原因及び額（「債権届出書」の記載例を参考にしてください。）
2　あなたが所有権の移転に関する仮登記の権利者であるときは、その仮登記が担保仮登記であるか否か。

1ページ

＜注意事項＞
(1)　弁済等により債権が消滅している場合でも、その旨を届け出てください。
(2)　債権の届出をするときは、法律上の資格を有する者の名義で届出をしてください。（支店長、営業所長名での届出は有効なものとはみなされません。）なお、資格を有しない者が届出をする時は、代理人の許可申請書が必要となります。
(3)　債権の届出をしないと、売却代金の配当又は弁済金の交付を受けられないことがあります。
(4)　同一の債権を担保にするために、所有権の移転に関する仮登記及び抵当権の設定登記等がされているときは、「登記の表示」欄にその両者を記載した上、「併用」と記載してください。
(5)　仮差押えの場合は仮差押決定の写しを添付してください。
　　同封の「債権届出書」に記載しきれないときは、適宜の用紙を使用して横書きで記載してください。
(6)　届出をした後に債権の元本の額に変更が生じたときは、速やかに、変更後の債権額を届け出てください。
(7)　故意又は過失により、届出を怠り、又は不実の届出をしたときは、これによって生じた損害の賠償責任を負わなければなりません。
(8)　この催告について問い合わせをするときは、必ず事件番号を申し出てください。

2ページ

※別紙当事者目録、物件目録省略

Ⅴ 確定登記の手続－各論と書式－

【書式例11】 担保権設定等財産の差押通知書

```
G44（権利者等通知用）                          ●財債第 123 号

          担 保 権 設 定 等 財 産 の 差 押 通 知 書

    株式会社ABC銀行様              平成23年●月●日
   下記のとおり、滞納金額を徴収するため、
  財産を差し押さえました。              ●●市長      印
   国税徴収法第55条の規定により通知します。  公務一郎
```

| 滞納者 | 住所又は所在地 | ●●市●●一丁目2番3号 |
| | 氏名又は名称 | 甲野一郎 |

	税 目	調定	課税	通知書番号	期別	納期限	税額(円)	延滞金(円) 法律による金額	合計(円)	備考
滞納金額	別紙の通り									
	合計						567,800	爾後計算	567,800	

| 差押財産 | 別紙財産目録のとおり |

```
                        差押年月日   平成23年●月●日
                   市役所財務部債権回収対策課
              連絡  〒●●●-●●●●  ●●市●●二丁目3番4号
              先      012-345-6789
                        担当  公務次郎
```

```
A31（財産別紙用）            財 産 目 録

   不動産の表示

     所  在    ●●市●●一丁目
     地  番    2番3
     地  目    宅地
     地  積    123.45m²

     所  在    ●●市●●一丁目2番地3
     家屋番号   2番3
     種  類    居宅
     構  造    木造・瓦ぶき2階建
     床 面 積   1階  56.78m²
              2階  12.34m²

        以下余白
```

※別紙未納一覧表省略

る[17]。

※【書式例12】参照。

(ⅱ) 催告又は通知があったことを知った時を証する情報

根抵当権者は、申請情報に登記原因として元本の確定の年月日を記載するので、当該年月日から逆算すれば、根抵当権者が催告又は通知を知った時が明らかとなる。したがって、根抵当権者が当該催告又は通知があったことを知った時を証する情報の提供は不要であり、申請情報に記載された元本確定日が催告書等又は通知書等に記載された発出年月日の翌日から起算して2週間を経過していれば、当該申請は受理される[18]。

なお、実務上、根抵当権者が催告書等又は通知書等に受領年月日を明示した受領スタンプ等を押印している場合があるが、この場合には、当該受領年月日の翌日を起算日として2週間を経過した時に根抵当権が確定すると解すべきであろう。

(ⅲ) 共同根抵当権の場合

共同根抵当権の場合には、一の不動産上の根抵当権が確定すれば、共同担保関係にある他のすべての不動産上の根抵当権も確定する（民法398条の17第2項）。したがって、当該他の不動産上の根抵当権の確定登記の申請も可能となる。共同根抵当権が設定された不動産のうちの一部の不動産のみについて競売手続の開始又は滞納処分による差押えがされた場合には、催告書等・通知書等には、当該差押えに係る物件の表示のみが記載され、他の物件の表示は記載されないが、催告書等・通知書等に記載された根抵当権に係る共同担保目録により、申請に係る当該他の物件との同一性が確認できるので差し支えない[19]。

---

[17] 「登記簿　競売手続の円滑化等を図るための関係法律の整備に関する法律による改正後の不動産登記法第119条の9の取扱いについて」登研615号158頁〜159頁（平11）、「質疑応答【7683】」同号243頁。
[18] 「平10・10・23民三第2069号民事局長通達（登記研究612号153頁）の解説」登研613号93頁（平11）。
[19] 「平10・10・23民三第2069号解説」前掲注18）93頁〜94頁。

V　確定登記の手続－各論と書式－

【書式例12】　担保権設定等財産の差押通知書の代替物

照会書

平成23年7月●●日

東京都●●都税事務所長　殿
　　　　照会者　東京都中央区日本橋室町●丁目●番●号
　　　　　　　　ＡＢＣローン株式会社
　　　　　　　　代表取締役　山川一郎　㊞

　貴事務所が、下記滞納者所有の下記差押財産についての平成21年2月3日付差押に基づき、下記差押財産に東京法務局●●出張所平成12年3月4日受付第5678号をもって設定をうけた根抵当権者である当社に対し、下記のとおりの国税徴収法第55条の規定による担保権設定等財産の差押通知書を発出された旨及び当該差押通知書の発出年月日並びに当該物件の差押年月日を照会いたします。

担保権設定等財産の差押通知書の記載事項
　　被通知人　ＡＢＣローン株式会社
　　滞納者　住(居)所　　東京都●●区●●一丁目2番3号
　　　　　　氏　名　　　甲野一郎
　　差押財産　一棟の建物の表示
　　　　　　　所　　在　　●●区●●一丁目2番地3
　　　　　　　建物の番号　●●マンション
　　　　　　専有部分の建物の表示
　　　　　　　家屋番号　　●●一丁目2番3の1
　　　　　　　建物の番号　101
　　　　　　　種　　類　　居宅
　　　　　　　構　　造　　鉄筋コンクリート造1階建
　　　　　　　床　面　積　1階部分12.34㎡
　　　　　　敷地権の表示
　　　　　　　所在及び地番　●●区●●一丁目2番3
　　　　　　　地　　目　　宅地
　　　　　　　地　　積　　123.45㎡
　　　　　　　敷地権の種類　所有権
　　　　　　　敷地権の割合　123分の12

回答書　　　　　　●●税徴差第1234号

１．上記滞納者所有の上記差押財産を平成21年2月3日差押えた。
２．上記記載事項のある担保権設定等財産の差押通知書を平成21年2月3日貴社あて発出した。
以上のとおり証明する。
平成23年7月●●日
　　　　　　　　東京都●●都税事務所長　公務三郎　　㊞

私見では、共同担保関係にある物件が、他の登記所の管轄にまたがる場合には、催告書等・通知書等に記載された根抵当権と申請に係る根抵当権の同一性の確認のため、添付情報として他管轄物件の登記事項証明書も登記原因証明情報の一部として提供する必要があるのではないかと考える。

(ⅳ)　催告書等・通知書等が送付される前の所有者の住所等の変更等

　担保権の実行による競売の開始決定がされると、裁判所書記官は、直ちに差押えの登記の嘱託をする。担保不動産競売申立書の当事者目録の所有者の表示について、登記記録上の所有者の住所・氏名・本店・商号等（以下「住所等」という）に誤り又は変更がある場合には、当該申立書には登記記録上の住所等と申立時点の住所等とを併記するのが一般的である[20]。担保不動産競売開始決定の当事者目録の記載も同様の取扱いがされている。

　ところが、登記嘱託書の登記義務者の表示は、登記記録上の所有者の表示と一致させる取扱いがされており[21]、差押えの登記が嘱託される時点で所有者の住所等が登記記録上の表示と異なっていても、登記記録上の所有者の住所等の変更（更正）登記がされないまま担保不動産競売開始決定を原因とする差押えの登記がされることになる。他方で、執行裁判所の裁判所書記官から根抵当権者に対して送付される催告書には、所有者の登記記録上の住所等と申立時点の住所等を併記する取扱いがされている[22]。

　したがって、このような場合に、根抵当権者が催告書等を登記原因証明情報として根抵当権の確定登記を申請するときは、前提として根抵当権者が所有者の住所等の変更（更正）の登記を代位申請する必要があろう。

　これに対し、滞納処分による差押えの場合には、登記を嘱託する時点で登

---

20)　阪本勁夫『不動産競売申立ての実務と記載例〔全訂3版〕』186頁、168頁、128頁（金融財政事情研究会、平17）。
21)　東京地裁民事執行実務研究会編著『不動産執行の理論と実務（上）〔改定版〕』96頁（法曹会、平11）、園部厚『不動産競売マニュアル（申立・売却準備編）〔新版〕』100頁（新日本法規出版、平18）。
22)　一般的に、当事者目録の記載は、担保不動産競売申立書・競売開始決定・債権届出の催告書とも同一の記載である。

記記録上の所有者の住所等に誤り又は変更がある場合には、前提として、滞納処分庁が債権者代位による所有権登記名義人の住所等の変更（更正）の登記を嘱託することが必要である[23]。

また、所有者に相続が開始している場合には、競売手続が開始した場合又は滞納処分による差押えがされた場合のいずれにおいても、当該差押登記の嘱託登記の前提として、債権者代位による相続登記がされている必要がある[24]。

(v) 催告書等・通知書等が送付された後の所有者（根抵当権設定者）の変更等

催告書等・通知書等の受領後に物件の所有者（根抵当権設定者）が変更されている場合や所有者（根抵当権設定者）の住所等が変更されている場合がある。

催告書等・通知書等の物件の所有者の記載は、登記手続上、物件の表示とともに差押不動産を特定するための一要素であるが、催告書等・通知書等の受領後に所有者（根抵当権設定者）が変更されている場合には、登記記録の甲区の内容から差押え後の所有権登記名義人の変更の経緯を知ることができるので、当該催告書等・通知書等を登記原因証明情報として、根抵当権の確定の登記を単独申請することが可能である[25]。

この場合、登記権利者の表示としては、確定の登記の申請時点の所有者を記載する。なお、筆者は、滞納処分による差押えの登記後に所有権を取得した第三者（法人）を登記権利者として、不動産登記法93条による単独申請を了した経験があるが、登記権利者が法人である場合には、代表者の資格・氏名の記載を要するとされているので、管轄法務局と事前協議の上、申請情報

---

[23] 登記記録上と嘱託情報の所有者又は所有者の表示が一致しない場合には、不動産登記法25条7号により、当該登記が却下される。旧不動産登記法には、滞納処分による差押えの嘱託登記の場合の代位登記の規定（旧不動産登記法28条ノ2、28条ノ3）があったが、現行法では削除されている。細田進＝後藤浩平『嘱託登記の実務〔新版補訂〕』198頁（新日本法規出版、平20）参照。
[24] 前掲注23）参照。阪本・前掲注20）181頁。
[25] 「登記簿」前掲注17）159頁。

に登記権利者及びその代表者の資格・氏名についても記載した（根抵当権者の単独申請による場合、添付情報として登記権利者の資格証明情報を添付する規定はないので、資格証明情報は提供しなかった）。

また、催告書等・通知書等の受領後に所有者（根抵当権設定者）の住所等が変更されている場合には、根抵当権者がこれを了知しているのであれば、確定の登記の前提として、代位による所有者（根抵当権設定者）の住所等の表示変更の登記を申請することとなろう[26]。

(イ) 委任状

2(2)ア(イ)【書式例4】参照。なお、オンライン申請をする場合であっても、根抵当権者の委任状には、「登記識別情報の暗号化に関する一切の件」の委任条項は不要である。

(3) 債務者又は根抵当権設定者が破産している場合

ア　申請情報の書式例

書面申請による申請情報の例は、(1)ア【書式例7】と同様である。なお、この申請は、確定した根抵当権又はこれを目的とする権利の取得の登記の申請と併せてしなければならない（不動産登記法93条ただし書）[27]。

なお、根抵当権者の権利に関する登記識別情報の提供又は登記済証の提出は不要である[28]。

イ　添付情報の書式例

(ア) 登記原因証明情報

① 登記原因証明情報の必要的要件

債務者又は根抵当権設定者について破産手続開始の決定があったことを証する情報（不動産登記令別表63）である。破産手続開始の決定の裁判書の謄

---

26)　「登記簿」前掲注17）160頁。
27)　平16・12・16民二第3554号民事局長通達（登情528号46頁）第七・一（2）参照。
28)　「質疑応答【7793】」登研676号183頁（平16）。

本（裁判所書記官が原本の内容と同一である旨を認証したものをいう）が該当する[29]。

※【書式例13】、【書式例14】、【書式例15】参照。

② 登記原因証明情報に関して明らかにされている実務上の取扱い

破産債権者に対して裁判所から送達された書面又は官報の写しでも差し支えない[30]。破産者が法人である場合には、当該法人の商業登記の登記事項証明書でもよい[31]。

※【書式例16】、【書式例17】、【掲載例18】、【記載例19】参照。

(イ) 委任状

2(2)ア(イ)【書式例4】参照。なお、オンライン申請をする場合であっても、根抵当権者の委任状には、「登記識別情報の暗号化に関する一切の件」の委任条項は不要である。

---

[29] 平16・12・16民二第3554号民事局長通達第七・一 (1)。

[30] 藤谷監・前掲注2)60頁 (問209)。しかし、破産債権者に対して裁判所から送達された書面には裁判所書記官の押印がないが、これを登記原因証明情報とすることができるのであろうか？

[31] 河合芳光『逐条不動産登記令』327頁（金融財政事情研究会、平17）、日本法令不動産登記研究会編『窓口の相談事例にみる事項別不動産登記のQ&A200選』221頁 (Q124) (日本法令、平20)。

3　不動産登記法93条による単独申請

【書式例13】　破産手続開始決定の裁判書の謄本交付申請書

```
平成23年（フ）第●●●●号                    収入印紙  収入印紙
破 産 者　甲野一郎                           100円    50円

          破産手続開始決定の裁判書の謄本交付申請書
                                       平成23年7月●●日
   東京地方裁判所　民事第20部　御中

                        債権者（根抵当権者）
                        東京都中央区日本橋室町●丁目●番●号
                        株式会社ABC銀行
                        代表取締役　乙野二郎　㊞

     頭書事件について、不動産登記申請（根抵当権の元本確定登記申請）をす
   るにあたり、添付書類として破産手続開始決定の裁判書の謄本が必要ですの
   で、これを1通交付されたく申請いたします。              以上
```

※申請者が法人の場合には、資格証明書を添付する。
※貼付収入印紙150円分が必要。
※裁判書の謄本受領の際には、受書（破産手続開始決定の裁判書の謄本の受書。【書式例14】）が必要。郵送で取得する場合には、受領日空欄の受書と返信用封筒を送付する。

【書式例14】　破産手続開始決定の裁判書の謄本の受書

```
平成23年（フ）第●●●●号
破 産 者　甲野一郎
                    受　　　書
                                       平成23年7月●●日
   東京地方裁判所　民事第20部　御中

                        債権者（根抵当権者）
                        東京都中央区日本橋室町●丁目●番●号
                        株式会社ABC銀行
                        代表取締役　乙野二郎　㊞

     頭書事件について、下記の書類を受領いたしました。
                            記
   1．破産手続開始決定の裁判書の謄本　1通。
                                                      以上
```

Ⅴ 確定登記の手続-各論と書式-

【書式例15】 破産手続開始決定の裁判書の謄本（自然人・管財事件）

平成23年（フ）第●●●●号

決　　　　定

東京都中央区●町●丁目●番●号
債務者（破産者）　　甲野　一郎

主　　　　文

債務者甲野　一郎について、破産手続を開始する。

理　　　　由

一件記録によれば、債務者が支払不能の状態にあることが認められる。
よって、主文のとおり決定する。
なお、この決定に併せて、下記のとおり定める。

記

1　破産管財人　　東京都千代田区●町●丁目●番●号●●ビル●階
　　　　　　　　管財一郎法律事務所
　　　　　　　　弁護士　管財　一郎
2　債権届出期間　平成23年7月20日まで
3　財産状況報告集会・計算報告集会・破産手続廃止に関する意見聴取
　のための集会の各期日
　　　　　　　　平成23年10月14日午前10時30分
4　債権調査期日　平成23年10月14日午前10時30分

平成23年6月22日午後5時
　東京地方裁判所民事第20部
　　　　裁　判　官　　司法　一郎

これは謄本である。
　平成23年7月●●日
　　東京地方裁判所民事第20部
　　　裁判所書記官　司法二郎　　　　　［印］

3　不動産登記法93条による単独申請

【書式例16】　破産手続開始通知書（自然人）

破産手続開始通知書

事件番号　平成23年（フ）第●●●●号（平成23年6月10日申立）
住　　所　東京都中央区●町●丁目●番●号

破　産　者　甲野　一郎
　　　　　　（昭和●●年●月●●日生）

1　上記の者に対し、破産手続開始決定がされたので、次のとおり通知します。
　(1)　破産手続開始日時　　　平成23年6月22日午後5時
　(2)　破産管財人　　　　　　弁護士　法務　太郎　電話03-1234-1234
　(3)　破産債権届出期間　　　平成23年7月20日まで
　(4)　破産債権届出書及び交付要求書の提出先

　　┌─────────────────────────────┐
　　│東京都千代田区●町●丁目●番●号●●ビル●階　　　　│
　　│管財一郎法律事務所　　　　　　　　　　　　　　　　　│
　　│弁護士　管財　一郎　気付　　　　　　　　　　　　　　│
　　│平成23年（フ）第●●●●号事件書類受領事務担当　行　│
　　└─────────────────────────────┘

　(5)　財産状況報告集会・債権調査期日の日時及び場所
　　　平成23年10月14日午前10時30分　債権者等集会場1（東京家簡地裁合同庁舎5階）所在場所は「債権者集会場のご案内」のとおりです。
　　　　財産状況報告集会において、破産財団をもって破産手続の費用を支弁するに不足する場合は、①破産手続廃止に関する意見聴取のための集会、②破産管財人の任務終了による計算報告集会及び免責に関する審尋期日も併せて実施します。
　(6)　①　破産者に対して債務を負担している者は、破産者に弁済してはならない。
　　　②　破産者の財産を所持している者は、破産者にその財産を交付してはならない。
2　破産債権届出
　(1)　届け出る場合は、同封した届出書を使用し、1(4)の提出先に郵送してください。（別紙「封筒表書見本」参照）
　(2)　破産債権届出書は、同封の届出書1通と証拠書類のコピー1部（原本不可）を合わせてホッチキスで左綴じにしてください。資格証明書は不要です。
　(3)　破産手続開始後に支払期日が到来する手形については、支払期日が破産手続開始後1年以内であれば額面額を届出債権としてください。証拠書類の手形は両面をコピーしてください。
3　免責手続
　　意見申述期間　平成23年10月14日まで（最終提出期限）

意見申述をする場合は、A4判の用紙を使用し、①事件番号、②破産者名、③申述者（債権者）の氏名・住所、④破産者に破産法252条1項に掲げる免責不許可事由（財産の隠匿、詐欺的借入、換金行為、浪費やギャンブル、7年以内の再度の免責など。）に該当する事実があることを具体的に記載した書面を2部、事実を疎明する資料があれば、それらをコピーしたものを2部、最終提出期限必着で郵送してください。
意見申述書の提出先
　〒100-8920　東京都千代田区霞が関一丁目1番2号
　東京地方裁判所民事第20部H－K係　行
4　破産手続の進行については破産管財人まで、破産手続開始前の事情、免責に関するお問い合わせ及び債権についての照会は下記申立代理人までお願いします。
申立人代理人　弁護士　乙野　花子　電話03-2345-6789

　　　東京地方裁判所民事第20部H－K係　裁判所書記官　司法　二郎

【書式例17】 破産手続開始通知書（法人）

破産手続開始通知書

事件番号　　平成23年（フ）第●●●●号（平成23年6月10日申立）
本店所在地　東京都千代田区●町●丁目●番●号

破　産　者　　株式会社　TOUSAN
　　　　　　　代表者代表取締役　甲野　二郎

1　上記の者に対し、破産手続開始決定がされたので、次のとおり通知します。
　(1)　破産手続開始日時　　平成23年6月22日午後5時
　(2)　破産管財人　　　　　弁護士　管財　二郎　電話03-1234-5678
　(3)　破産債権届出期間　　平成23年7月20日まで
　(4)　破産債権届出書及び交付要求書の提出先

　　┌─────────────────────────────────┐
　　│東京都千代田区●町●丁目●番●号●●ビル5階　　　　　　　│
　　│　　　　　　　　　　　　　　　　　　　　　　　　　　　　│
　　│管財二郎法律事務所　　弁護士　管財　二郎　気付　　　　　│
　　│平成23年（フ）第●●●●号事件書類受領事務担当　　行　　│
　　└─────────────────────────────────┘

　(5)　財産状況報告集会・債権調査期日の日時及び場所

　　平成23年10月14日午前10時30分　債権者等集会場1（東京家簡地裁合同庁舎5階）所在場所は「債権者集会場のご案内」のとおりです。

　　　財産状況報告集会において、破産財団をもって破産手続の費用を支弁するに不足する場合は、①破産手続廃止に関する意見聴取のための集会、②破産管財人の任務終了による計算報告集会も併せて実施します。
　(6)　①　破産者に対して債務を負担している者は、破産者に弁済してはならない。
　　　②　破産者の財産を所持している者は、破産者にその財産を交付してはならない。
2　破産債権届出
　(1)　届け出る場合は、同封した届出書を使用し、1(4)の提出先に郵送してください。（別紙「封筒表書見本」参照）
　(2)　破産債権届出書は、同封の届出書1通と証拠書類のコピー1部（原本不可）を合わせてホッチキスで左綴じにしてください。資格証明書は不要です。
　(3)　破産手続開始後に支払期日が到来する手形については、支払期日が破産手続開始後1年以内であれば額面額を届出債権としてください。証拠書類の手形は両面をコピーしてください。
3　破産手続の進行については破産管財人まで、破産手続開始前の事情に関するお問い合わせ及び債権についての照会は申立代理人までお願いします。
　　申立人代理人　弁護士　乙山　花子　電話03-2345-2345

　　　　東京地方裁判所民事第20部　H－K係　裁判所書記官　司法　二郎

Ⅴ 確定登記の手続－各論と書式－

【書式例18】 官報の破産者の掲載例

平成23年7月●●日●曜日　官　報　第●●●●号　14

破産手続開始

　次の破産事件について、以下のとおり破産手続を開始した。破産財団に属する財産の所持者及び破産者に対して債務を負担する者は、破産者にその財産を交付し、又は弁済をしてはならない。

平成23年（フ）第●●●●号
　東京都千代田区●町●丁目●番●号
　債務者　　株式会社ＴＯＵＳＡＮ
　代表者代表取締役　甲野　二郎
1　決定年月日時　平成23年6月22日午後5時
2　主文　債務者について破産手続を開始する。
3　破産管財人　弁護士　管財　二郎
4　破産債権の届出期間　平成23年7月20日まで
5　財産状況報告集会・一般調査・廃止意見聴取・計算報告の期日　平成23年10月14日午前10時30分
　　　　　　　　　　　　東京地方裁判所民事第20部

破産手続開始及び免責許可申
立てに関する意見申述期間

　次の破産事件について、以下のとおり破産手続を開始した。破産財団に属する財産の所持者及び破産者に対して債務を負担する者は、破産者にその財産を交付し、又は弁済をしてはならない。

平成23年（フ）第●●●●号
　東京都中央区●町●丁目●番●号
　債務者　甲野　一郎
1　決定年月日時　平成23年6月22日午後5時
2　主文　債務者について破産手続を開始する。
3　破産管財人　弁護士　管財　一郎
4　破産債権の届出期間　平成23年7月20日まで
5　財産状況報告集会・一般調査・廃止意見聴取・計算報告・免責審尋の期日　平成23年10月14日午前10時30分
6　免責意見申述期間　平成23年10月14日まで
　　　　　　　　　　　　東京地方裁判所民事第20部

3　不動産登記法93条による単独申請

　　　　　破産手続開始・破産手続廃止
　　　　　及び免責許可申立てに関する
　　　　　意見申述期間
平成23年（フ）第●●●●号
　東京都港区●町●丁目●番●号
　債務者　甲野　三郎
1　決定年月日時　平成23年6月21日午後5時
2　主文　債務者について破産手続を開始する。
　　　　本件破産手続を廃止する。
3　理由の要旨　破産財団をもって破産手続の費用を支弁するのに不足する。
4　免責意見申述期間　平成23年8月23日まで
　　　　　　　　　東京地方裁判所民事第20部

V　確定登記の手続－各論と書式－

【書式例19】　破産手続開始の登記の記載

```
3　破産手続開始の登記（法第257条第1項，第2項）
　「その他の事項」欄
```

平成17年8月8日　午前10時　東京地方裁判所の破産手続開始
平成17年8月10日登記㊞

社員欄又は役員欄
(1)　破産管財人が1名の場合

東京都中央区築地六丁目20番6号 　　破産管財人　甲野太郎	平成　年　月　日 （抹消） 平成17年8月10日登記㊞	平成　年　月　日 　 平成　年　月　日登記

(2)　破産管財人が複数ある場合で単独職務執行の許可があった場合

東京都中央区築地六丁目20番6号 　　破産管財人　甲野太郎	平成　年　月　日 平成　年　月　日登記	平成　年　月　日 平成　年　月　日登記
破産管財人甲野太郎の単独職務執行の許可	平成　年　月　日 平成　年　月　日登記	平成　年　月　日 平成　年　月　日登記
東京都港区芝一丁目3番4号 　　破産管財人　乙山花子	平成　年　月　日 平成　年　月　日登記	平成　年　月　日 平成　年　月　日登記
破産管財人乙山花子の単独職務執行の許可	平成17年8月8日 東京地方裁判所の決定 平成17年8月10日登記㊞	平成　年　月　日登記

(3)　破産管財人が複数ある場合で職務分掌の許可があった場合

東京都中央区築地六丁目20番6号 　　破産管財人　甲野太郎	平成　年　月　日 平成　年　月　日登記	平成　年　月　日 平成　年　月　日登記
職務分掌の許可 　1　破産管財人甲野太郎が分掌 　　する職務 　　(1)　破産管財人乙山花子が分 　　　掌する職務を除く常務 　　(2)　営業に関する事務 　　(3)　銀行取引に関する事務 　2　破産管財人甲野太郎及び破 　　産管財人乙山花子が分掌する 　　職務を除くその余の破産管財 　　人の事務については共同して 　　その職務を行う。	平成　年　月　日 平成　年　月　日登記 平成　年　月　日 平成　年　月　日登記 平成　年　月　日 平成　年　月　日 平成　年　月　日登記 平成　年　月　日登記	平成　年　月　日 平成　年　月　日登記 平成　年　月　日 平成　年　月　日登記 平成　年　月　日 平成　年　月　日 平成　年　月　日登記 平成　年　月　日登記

3　不動産登記法93条による単独申請

東京都港区芝一丁目３番４号 　　破産管財人　乙山花子	平成　年　月　日	平成　年　月　日
	平成　年　月　日登記	平成　年　月　日登記
職務分掌の許可 １　破産管財人乙山花子が分掌する職務 　(1)　訴訟に関する事務 　(2)　破産債権の調査及び認否 　(3)　その他法的手続に関する事務 ２　破産管財人甲野太郎及び破産管財人乙山花子が分掌する職務を除くその余の破産管財人の事務については共同してその職務を行う。	平成　年　月　日 平成　年　月　日登記 平成　年　月　日 平成　年　月　日登記 平成　年　月　日 平成　年　月　日登記 平成17年８月８日 東京地方裁判所の決定 平成17年８月10日登記㊞	平成　年　月　日 平成　年　月　日登記 平成　年　月　日 平成　年　月　日登記 平成　年　月　日 平成　年　月　日登記 平成　年　月　日 平成　年　月　日登記

出典：平16・12・16民商第3495号民事局長通達（登研686号367頁）別紙記載例

4　不動産登記法63条による単独申請

(1)　登記権利者（根抵当権設定者）の協力が得られない場合

ア　申請情報の書式例

(ア)　根抵当権者が申請する場合

書面申請による申請情報の例は、3(1)ア【書式例7】と同様である。

ただし、添付情報の記載中、登記原因証明情報については、「登記原因証明情報（判決正本）」[32]とし、根抵当権者の権利に関する登記識別情報の提供又は登記済証の提出は不要である[33]。

(イ)　代位弁済者等の確定後の根抵当権の譲渡・処分に関する権利者（以下「根抵当権移転登記請求権者等」という）が申請する場合

【書式例20】は、根抵当権の被担保債務の代位弁済者が根抵当権者を代位して根抵当権元本確定登記請求事件を提起し、確定給付判決を得た場合の申請情報の例である。

根抵当権者の権利に関する登記識別情報の提供又は登記済証の提出は不要である[34]。

イ　添付情報

(ア)　登記原因証明情報

①　根抵当権者が申請する場合

---

[32]　不動産登記令7条1項5号ロ。和解又は調停による場合には、判決書正本に準じて、和解調書正本又は調停正本を添付する。

[33]　明32・6・27民刑第1162号民刑局長回答（法務省民事局編『登記関係先例集（上）』81頁）。

[34]　明32・6・27民刑第1162号民刑局長回答。

4　不動産登記法63条による単独申請

【書式例20】　申請情報

```
                        登記申請書

     登記の目的　　●番根抵当権元本確定【＊1】
     原因　　　　　平成23年7月1日確定【＊2】
    (元本確定すべき根抵当権【＊3】            )
     　　　　　　　平成12年12月12日受付第123号
     権利者　　　　東京都中央区日本橋室町●丁目●番●号【＊4】
     　　　　　　　甲野一郎
     義務者（被代位者）【＊5】
     　　　　　　　東京都中央区日本橋室町●丁目●番●号
     　　　　　　　丁野四郎
     代位者　　　　東京都中央区日本橋室町●丁目●番●号【＊6】
     　　　　　　　ABC保証株式会社
     　　　　　　　代表取締役　　戊野五郎
     代位原因　　　平成23年7月8日代位弁済の根抵当権移転登記請求権【＊7】
     添付情報　　　登記原因証明情報（判決正本）【＊8】
     　　　　　　　代位原因証明情報（判決正本）【＊9】
     　　　　　　　代表者資格証明情報【＊10】
     　　　　　　　代理権限証明情報【＊11】

                              （以下、略）
```

【＊1】　【書式例1】の【＊1】に同じ。
【＊2】　【書式例1】の【＊2】に同じ。
【＊3】　【書式例1】の【＊3】に同じ。
【＊4】　【書式例1】の【＊4】に同じ。
【＊5】　代位弁済者が登記引取請求権（Ⅳ2(2)参照）を代位行使する場合には、被代位者は登記義務者(根抵当権者)である。なお、代位による登記の申請の場合、通常は被代位者は登記権利者である。

　登記義務者の氏名又は名称及び住所を「（被代位者）」と冠記して記載する（不動産登記令3条4号）。これは、登記記録上の登記義務者の表示と一致していることが必要である。
【＊6】　申請人が代位者である旨及びその氏名又は名称及び住所を記載する（不動産登記令3条1号・4号）。これは、代位原因証明情報中の代位者（判決正本の原告等）の表示と一致していることを要する。
【＊7】　代位原因を記載する（不動産登記令3条4号）。なお、代位弁済者が有するのは「根抵当権移転登記請求

147

権」であって、「根抵当権確定登記請求権」ではないことに留意する(「昭55・3・4民三第1196号民事局第三課長回答(登記研究390号77頁)の解説」登研390号81頁(昭55)、「登記簿根抵当権の元本確定後に債権譲渡を受けた者が債権者代位により所有権移転登記をする場合の代位原因について」登研606号94頁(平10))。
【＊8】 判決正本(確定証明書付き)である(不動産登記法61条、不動産登記令7条1項5号ロ)。
【＊9】 不動産登記令7条1項3号。代位原因を証する情報である。
【＊10】 申請人が法人であるときの、その代表者の資格証明情報。Ⅳ6(2)ウ参照。
【＊11】 代理人によって登記を申請するときの、代理権限証明情報。一般的には委任状である。Ⅳ6(2)エ参照。

　根抵当権者（甲）の根抵当権設定者（乙）に対する「被告乙（根抵当権設定者）は、原告甲（根抵当権者）に対し、別紙根抵当権設定登記目録記載の根抵当権につき、平成○年○月○日元本確定を原因として元本確定の登記手続をせよ」[35]との給付判決及び確定証明書が登記原因証明情報となる。

　確定判決による登記の申請における登記原因証明情報は、執行力のある確定判決の正本とされている。執行力のある確定判決と同一の効力を有するものの正本（裁判上の和解調書、認諾調書、調停調書等）も同様である（不動産登記令7条1項5号ロ、以下、「執行力のある確定判決の正本又はこれと同一の効力を有するものの正本」を総称して「確定給付判決等」という）。「執行力のある」と限定されているのは、登記手続をすることを命ずる確定判決であっても、後述の執行文を要する場合があるので、この点を明らかにする趣旨である。ちなみに、和解調書における当事者の給付意思は、「…元本確定の登記手続をする」と表現される[36]。

　意思表示をすべきことを債務者に命ずる判決その他の裁判が確定し、又は和解、認諾若しくは調停に係る債務名義が成立したときは、その確定又は成

---

35) 昭55・3・4民三第1196号民事局第三課長回答(登研390号77頁)。
36) 小川弘喜＝渡辺昭二『書記官事務を中心とした和解条項に関する実証的研究』45頁（裁判所書記官研修所、昭55）。

立の時に登記申請の意思表示をしたものとみなされる（民事執行法174条1項本文）ので、原則として執行文の付与は必要としない。

ただし、次の場合には、例外的に執行文の付与を要する（民事執行法174条1項ただし書・2項・3項）。

(i) 債務者の意思表示が、債権者の証明すべき事実の到来に係るとき
(ii) 債務者の意思表示が債権者の反対給付との引換えに係る場合
(iii) 債務者の意思表示が債務者の証明すべき事実のないことに係る場合

根抵当権の確定登記は、事実を公示するものであるから、元本確定の登記手続を命ずる確定給付判決等に執行文の付与を必要とする場合はごく稀であろう[37]。

② 根抵当権移転登記請求権者等が申請する場合

根抵当権移転登記請求権者等（丙）の根抵当権設定者（乙）に対する「被告乙（根抵当権設定者）は、訴外甲（根抵当権者）に対し、別紙根抵当権目録記載の根抵当権につき、平成○年○月○日元本確定を原因として元本確定の登記手続をせよ」[38]との確定給付判決等が登記原因証明情報となる。

執行文の付与は原則として必要としない。

なお、債権者代位権に基づき登記手続を請求する場合における請求の趣旨については、訴状における当事者の表示から間接的に原告（根抵当権移転登記請求権者等・丙）が登記請求をしていることが判明するが、原告（根抵当権移転登記請求権者等・丙）が被告乙（根抵当権設定者）に対して請求していることがはっきりしないので、「被告乙（根抵当権設定者）は原告丙（根抵当権移転登記請求権者等）に対し、別紙根抵当権目録記載の根抵当権につき、平成○年○月○日元本確定を原因として訴外甲（根抵当権者）のための元本確定登記手続をせよ。」とした方が良いのではないかとの指摘もある[39]。

---

[37] 筆者は、元本確定の登記手続を命ずる判決等について、執行文を要する3つの場合に該当する事例を想定し難いが、皆無であるとも断言し切れない。
[38] 昭55・3・4民三第1196号民事局第三課長回答。
[39] 吉野衛『判例からみた不動産登記の諸問題』84頁（新日本法規出版、昭52）。

(イ) 代位原因証明情報（不動産登記令7条1項3号）

　根抵当権移転登記請求権者等が代位により登記を申請する場合には、代位原因を証する情報（代位原因証明情報）を添付する必要がある。代位原因証明情報は、当事者間に債権が存在することを確認し得るものであれば足り、公正証書はもちろん、私署証書又は手形等でも差し支えない[40]。登記原因証明情報として提供した確定給付判決等が代位原因証明情報を兼ねる場合が多いと思われるが、この場合には、別途代位弁済証書等を提供する必要がない[41]。

(ウ) 委任状

① 根抵当権者が申請する場合

　２(２)ア(イ)【書式例４】と同様である。

　ただし、「義務者」を「義務者（申請人）」と記載する。なお、そもそも登記識別情報を提供する必要がないので、オンライン申請をする場合であっても、根抵当権者の委任状には、「登記識別情報の暗号化に関する一切の件」の委任条項は不要である。

② 根抵当権移転登記請求権者等が申請する場合

　２(２)ア(イ)【書式例４】と同様である。

　ただし、「義務者」を「義務者（被代位者）」と記載し、代位者の住所、氏名又は名称及び住所、代位原因も記載する。なお、そもそも登記識別情報を提供する必要がないので、オンライン申請をする場合であっても、根抵当権者の委任状には、「登記識別情報の暗号化に関する一切の件」の委任条項は不要である。

---

40) 昭23・9・21民事甲第3010号民事局長通達（法務省民事局編『登記関係先例集（上）』858頁）。
41) 「昭55・3・4民三第1196号民事局第三課長回答（登記研究390号77頁）の解説」登研390号82頁（昭55）、「登記簿　根抵当権の元本確定後に債権譲渡を受けた者が債権者代位により所有権移転登記をする場合の代位原因について」登研606号94頁（平10）。

（2） 登記義務者（根抵当権者）の協力が得られない場合

ア　申請情報の書式例

　書面申請による申請情報の書式例は、3（1）ア【書式例7】と同様である。ただし、登記申請書の当事者の表示を、「権利者（申請人）●●」「義務者●●」とし、添付情報の記載中、登記原因証明情報については、「登記原因証明情報（判決正本）」[42]とする。根抵当権者の権利に関する登記識別情報の提供又は登記済証の提出は不要である[43]。

イ　添付情報

(ア)　登記原因証明情報

　根抵当権設定者の根抵当権者に対する「被告乙（根抵当権者）は、原告甲（根抵当権設定者）に対し、別紙根抵当権設定登記目録記載の根抵当権につき、平成○年○月○日元本確定を原因として元本確定の登記手続をせよ」との確定給付判決等が登記原因証明情報となる。執行文は原則として必要としない。

(イ)　委任状

　2（2）ア(イ)【書式例4】と同様である。

　ただし、「権利者」を「権利者（申請人）」と記載する。なお、そもそも登記識別情報を提供する必要がないので、オンライン申請をする場合であっても、根抵当権者の委任状には、「登記識別情報の暗号化に関する一切の件」の委任条項は不要である。

---

42)　不動産登記令7条1項5号ロ。確定証明書も必要。和解又は調停による場合には、判決書正本に準じて、和解調書正本又は調停調書正本を添付する。
43)　明32・6・27民刑第1162号民刑局長回答。

Ⅴ　確定登記の手続－各論と書式－

5　確定登記の前提登記

（1）　確定登記の前提登記が必要な場合

　根抵当権者（又はその債権者）が根抵当権の確定登記を単独で申請することができる場合であっても、登記原因証明情報と登記記録上の根抵当権設定者の住所（又は氏名、本店、商号等）とが一致していない場合には、その所有権登記名義人住所（又は氏名、本店、商号等）変更又は更正の登記を省略することはできない[44]。

　また、根抵当権設定者に相続が発生する等、権利の主体に変更がある場合も、相続による所有権移転登記等が前提として必要である[45]。

　根抵当権の確定登記を単独で申請する場合には、代位登記によってこれらの登記申請をすることが多いであろう。

（2）　登記原因証明情報と登記記録上の根抵当権設定者の表示が一致しない場合

ア　申請情報の書式例

　【書式例21】は、根抵当権者が根抵当権設定者の住所変更の登記を代位により申請する場合の例である。

イ　添付情報

---

[44]　「質疑応答【7680】」登研614号163頁（平11）は、債権譲渡円滑化法における取扱いであるが、現在においても実務上維持されている（「カウンター相談（158）根抵当権設定者が死亡している場合の不動産登記法119条の9の規定に基づく登記」登研677号215頁（平16））。
[45]　「カウンター相談（158）」前掲注44）215頁。

5 確定登記の前提登記

(ア) 登記原因証明情報

所有権登記名義人の住所変更の登記原因証明情報は、住民票の写し、戸（除）籍の附票等であるが、旧住所地の除かれた住民票の写しではなく、現住所地の住民票の写しを提出する[46]。登記記録上の所有者がその住所を数次移転している場合には、その間の各変更を証する書面が必要である[47]。

ちなみに、氏名変更の場合には、戸籍謄（抄）本及び住民票の写しである[48]。法人の本店・商号等の変更の場合には登記事項証明書、履歴事項証明書、閉鎖謄（抄）本である。

所有者が自然人であって、登記記録上の住所から現住所までのうち、除かれた住民票の写し又は戸（除）籍附票の除票等の一部が保存期間経過[49]により取得できない場合、具体的事案により異なるが、所有者の協力があれば、不在住・不在籍証明書、所有権取得時の登記済証又は登記識別情報、所有者の作成による住所変更の経緯と所有者に間違いない旨を記載した上申書等、可能な限り登記官が変更の事実を推認することができる情報を提供することにより、所有権登記名義人の住所変更（又は更正）の登記が可能であろう[50]。

しかし、代位による所有者の表示変更（又は更正）の登記の場合には、根抵当権設定者（所有者）の協力が得られないため、登記済証や上申書等を入手することができず、当該代位登記の申請が困難な場合もあるのではなかろうか。

根抵当権設定時において、根抵当権者が根抵当権設定者の本籍の記載のある住民票の写しを取得している場合には、住民票の写し・戸（除）籍附票・

---

46)「質疑応答【7006】」登研494号122頁（平元）。
47)「質疑応答【6836】」登研470号98頁（昭62）。
48)「質疑応答【7318】」登研536号175頁（平4）。
49) 全部が消除された住民票又は全部が消除された戸籍の附票の保存期間は、原則として、その消除された日から5年間である（住民基本台帳法施行令34条1項・2項）。
50)「質疑応答【5500】」登研366号85頁（昭53）。藤谷監・前掲注2）32頁（問118、問119）、34頁（問121）（日本加除出版、平19）。

Ⅴ　確定登記の手続－各論と書式－

【書式例21】　申請情報

登記申請書

登記の目的　　●番所有権登記名義人住所変更【＊１】
原因　　　　　平成23年7月1日住所移転【＊２】
変更後の事項　住　所　東京都中央区日本橋室町●丁目●番●号【＊３】
（被代位者）　東京都中央区日本橋室町●丁目●番●号【＊４】
　　　　　　　甲野一郎
代位者　　　　東京都中央区日本橋室町●丁目●番●号【＊５】
　　　　　　　株式会社ABC銀行
　　　　　　　代表取締役　乙野二郎
代位原因　　　平成23年7月8日確定の根抵当権元本確定登記請求権【＊６】
添付書類
　　　　　　　登記原因証明情報【＊７】
　　　　　　　代位原因証明情報【＊８】
　　　　　　　代表者資格証明情報【＊９】
　　　　　　　代理権限証明情報【＊10】

（以下、略）

【＊１】　住所移転に伴う所有権登記名義人の表示変更の場合には、書式例のように記載する。

【＊２】　登記原因としては「住所移転」であり、その日付は、住民票の写し等に記載されている住所移転の日を記載する。

【＊３】　住民票の写し等に記載されている現在の住所を記載する。

【＊４】　所有者の氏名又は名称及び住所を「（被代位者）」と冠記して記載する（不動産登記令3条4号）。

【＊５】　申請人が代位者である旨及びその氏名又は名称及び住所を記載する（不動産登記令3条1号・4号）。

【＊６】　代位原因を記載する（不動産登記令3条4号）。確定後の根抵当権の被担保債権の譲受人等が代位により申請する場合には、「平成●●年●●月●●日債権譲渡の根抵当権移転登記請求権等」と記載する（昭55・3・4民三第1196号民事局第三課長回答（登記研究390号77頁）の解説」登研390号81頁（昭55）、「登記簿　根抵当権の元本確定後に債権譲渡を受けた者が債権者代位により所有権移転登記をする場合の代位原因について」登研606号94頁（平10））。

【＊７】　根抵当権設定者の住所の変更を証する書面を提出する。

【＊８】　不動産登記令7条1項3号。代位原因を証する情報である。

【＊９】　申請人が法人であるときの、その代表者の資格証明情報。Ⅳ6(2)

ウ参照。
【*10】 代理人によって登記を申請するときの、代理権限証明情報。一般的には委任状である。Ⅳ6(2)エ参照。

戸（除）籍謄抄本の組合せで住所の連続性を証することができる場合もあろう。しかし、近時、金融機関は、個人情報保護の観点から、本籍の記載を省略した住民票の写しを根抵当権設定時に根抵当権設定者から取得しているようである。

筆者は、代位による所有者の表示変更（更正）登記において、根抵当権設定者の表示の変更を証する書面の一部が添付できない事案に遭遇したことはないが、想定できないことではないので、問題を提起しておきたい。

(イ) 代位原因証明情報

代位原因を証する情報であり、確定事由によりその内容が定まる。例えば、根抵当権者からの確定請求による確定の場合には、確定請求書（内容証明郵便）及び配達証明書が該当する。

また、根抵当権者を代位して根抵当権移転登記請求権者等が根抵当権の確定登記を判決による単独申請によって申請する場合には、当該判決正本が代位原因証明情報を兼ねる場合が多いと思われるが、この場合には別途債権譲渡契約書又は代位弁済証書等の提出を必要としない[51]。

(3) 根抵当権設定者に相続が開始している場合

ア 申請情報の書式例

【書式例22】は、根抵当権者が根抵当権設定者（所有者）の相続による所有権移転の登記を代位により申請する場合の例である。

イ 添付情報

(ア) 登記原因証明情報

---

51) 前掲注41）に同じ。

相続証明書を添付する。代位による相続登記においては、一般的には次のとおりである。
① 被相続人の出生から死亡に至るまでの戸（除）籍謄抄本
② 被相続人の最終住所証明書（本籍の記載のあるもの。登記記録上と死亡時の住所が異なる場合にはその各変更を証する除かれた住民票の写し、戸籍附票の除票等も必要）
③ 相続人の戸籍謄抄本
④ 相続人の住所証明書（本籍の記載のあるもの）
⑤ 相続放棄・限定承認の申述のない旨の家庭裁判所の回答書[52]又は相続放棄申述受理証明書

代位による相続登記の申請については、被相続人の本籍地を管轄する家庭裁判所に、「相続放棄・限定承認の申述の有無照会」をし、相続放棄の申述がない場合にはその旨の家庭裁判所の回答書、相続放棄がある場合には相続放棄申述受理証明書を相続証明書の一部とする。法定相続人中に相続放棄をした者が存在することを知らないと、所有者を誤る結果となるから、民法915条による相続放棄等をするか否かの熟慮期間経過後に上記照会をするのが相当であろう[53]。

相続人が複数の場合、遺産分割協議書・特別受益証明書等も相続証明書の一部となるが、代位による相続登記においては、一般的にはその原本を入手することは困難であろうから、法定相続割合による共有持分によって登記を申請することになろう。

なお、戸（除）籍の一部が焼失していたり、保存期間経過により廃棄されており、現存する戸（除）籍では相続人の在籍が推認できない場合には、「入

---

52) 昭11・5・9民事甲第532号民事局長回答（法務省民事局編『登記関係先例集（上）』621頁）。
53) 相続放棄等をし得る期間の起算点は、「相続人が自己のために相続の開始があったことを知った時」であるので、必ずしも「被相続人の死亡時から3か月」ではない。しかし、少なくとも被相続人の死亡時から3か月を経過した後に上記照会をするべきであろう。

手可能な戸（除）籍謄本のすべて」、「戸（除）籍謄抄本の交付できない旨の市町村長の証明書」、「『他に相続人がない』旨の相続人全員の実印を押印した証明書（印鑑証明書付き）」を添付情報とすることにより相続登記が可能である[54]。

　しかし、代位による相続登記の場合には、相続人の協力が得られないため、「他に相続人がない」旨の上申書を入手することができず、当該代位登記の申請が困難な場合もあるのではなかろうか。ちなみに、相続人が戸籍上に在籍し、又は在籍していたことが推認できる場合であって（現存する除籍簿に「二女」から記載されていて、「長女」の存在が推認されるが、一切戸（除）籍上不明のような場合）、過去帳に基づく寺の証明書（相続人である長女が死亡し、かつ、その者に子が無いことを認定できる内容）を添付情報の一部とすることができるときは、「他に相続人がない」旨の証明書は不要であるとした先例[55]、相続放棄者については「他に相続人がない」旨の証明をすることができない理由を添付情報として提出してもらうなどして登記を処理し得るとした見解[56]がある。

　また、被相続人の戸籍上の本籍・氏名の表示が登記記録上の住所・氏名の表示と符合しないときは、各変更を証する被相続人の除籍・戸籍附票の除票・除かれた住民票の写しによって、被相続人の同一性を確認することとなる。これらのうちの一部が保存期間経過[57]により取得できない場合もあり得よ

---

[54]　昭44・3・3民事甲第373号民事局長回答（登先93号[9巻4号]25頁）、昭58・3・2民三第1311号民事局第三課長回答（登先326号[29巻1号]76頁）。
[55]　昭55・2・14民三第867号民事局第三課長回答（登先225号[20巻5号]3頁）。
[56]　「登記簿　相続を証する情報である除籍簿の一部が焼失等により提供できない場合において、相続人全員の『他に相続人はいない』旨の証明書の添付がない場合の取り扱いについて」登研717号182頁（平19）。
[57]　全部が消除された住民票及び戸籍の附票の保存期間は、原則として、その消除された日から5年間である（住民基本台帳法施行令34条1項・2項）。除籍・改製原戸籍の保存期間は、その改製の時期によって異なるが、除籍又は改製された翌年から起算して50年、80年、100年である（戸籍法施行規則5条4項、戸籍法88条3項・4項等による。髙妻新＝荒木文明『相続における戸籍の見方と登記手続〔全訂〕』151頁（日本加除出版、平17）参照）。

V　確定登記の手続－各論と書式－

【書式例22】　申請情報

```
                     登記申請書

   登記の目的    所有権移転【＊1】
   原因         平成23年1月8日相続【＊2】
   相続人（被相続人　甲野一郎）【＊3】
   （被代位者）  東京都中央区日本橋室町●丁目●番●号【＊4】
                持分2分の1　　甲野二郎
                東京都中央区日本橋室町●丁目●番●号【＊4】
                持分2分の1　　甲野三郎
   代位者       東京都中央区日本橋室町●丁目●番●号【＊5】
                株式会社ABC銀行
                代表取締役　乙野二郎
   代位原因     平成23年11月9日確定の根抵当権元本確定登記請求権【＊6】
   添付書類     登記原因証明情報【＊7】
                住所証明情報【＊8】
                代位原因証明情報【＊9】
                代表者資格証明情報【＊10】
                代理権限証明情報【＊11】

                    （以下、略）
```

【＊1】　不動産登記令3条5号。

【＊2】　登記原因としては「相続」であり、その日付は、被相続人の相続開始の日を記載する。

【＊3】　登記記録上の被相続人の氏名を記載する。住所の記載は必要でない。

【＊4】　相続人の氏名及び住所を「（被代位者）」と冠記して記載する（不動産登記令3条4号）。相続人が2人以上となるときは、その共有持分（書式例は各2分の1）を記載する。

【＊5】　申請人が代位者である旨及びその氏名又は名称及び住所を記載する（不動産登記令3条1号・4号）。

【＊6】　代位原因を記載する（不動産登記令3条4号）。確定後の根抵当権の被担保債権の譲受人等が代位により申請する場合には、「平成●年●月●日債権譲渡の根抵当権移転登記請求権」等と記載する（「昭55・3・4民三第1196号民事局第三課長回答（登記研究390号77頁）の解説」登研390号81頁（昭55）、「登記簿　根抵当権の元本確定後に債権譲渡を受けた者が債権者代位により所有権移転登記をする場合の代位原因について」登研606号94頁（平10））。

【＊7】　相続証明書（相続を証する戸（除）籍謄本等）を添付する。

【＊8】　被代位者（相続人）の住所証明情報（不動産登記令7条1項6号、別

表30添付情報欄ロ）である。
【＊9】　不動産登記令7条1項3号。代位原因を証する情報であり、確定事由によりその内容が定まる。
【＊10】　申請人が法人であるときの、その代表者の資格証明情報。Ⅳ6（2）

ウ参照。
【＊11】　代理人によって登記を申請するときの、代理権限証明情報。一般的には委任状である。Ⅳ6（2）エ参照。

う（（2）イ(ｱ)参照）。

　筆者は、代位による相続登記において、戸（除）籍謄本等又は被相続人の登記記録上の住所から死亡時の住所までの各変更を証する戸籍附票の除票等の一部が添付できない事案に遭遇したことはないが、想定できないことではないので問題を提起するにとどめておきたい。

(ｲ)　住所証明情報

　相続人の住民票の写し又は戸籍の附票を提出する。住民票コード（住民基本台帳法7条13号）を記載した場合は、住所証明情報の提出を省略することができる（不動産登記令9条、不動産登記規則36条4項）が、代位による登記申請の場合には、被代位者の住民票コードを入手することは困難であろう。

(ｳ)　代位原因証明情報

　（2）イ(ｲ)に同じ。

VI

Q & A

Ⅵ　Q＆A

1　確定効とその覆滅

Q1　共用根抵当権の債務者の1人が破産（死亡）した。根抵当権は確定するか。

A　確定しない。

【解説】　Ⅱ2（4）参照。

Q2　根抵当権の被担保債務が連帯債務であり、連帯債務者の1人が破産（死亡）した。根抵当権は確定するか。

A　確定しない。

【解説】　根抵当権の被担保債務が連帯債務である場合、根抵当権の債務者が複数であり、その取引上の債務の内容が共通であると観念すればよい。なお、根抵当権の債務者の表示としては、単に「債務者」とするのみで、「連帯債務者」とはしない（鈴木＝石井編・全書149頁）。Ⅱ2（4）参照。

Q3　根抵当物件が差し押さえられ、2週間経過により確定したので債権譲渡をした。その後に差押えが解除（取消し）された場合には、根抵当権は確定したままか。

A　確定効は覆滅しない（確定したままである）。

【解説】　民法398条の20第2項。Ⅱ1（9）カ参照。

1 確定効とその覆滅

Q4　民事再生手続開始により根抵当権は確定するか。

A 確定しない。

【解説】 Ⅱ3(2)参照。

Q5　法人の解散により根抵当権は確定するか。

A 当然には確定しない。ただし、平成16年4月1日以前には、「取引の終了等」に該当し、確定している場合がある。

【解説】 Ⅱ3(4)参照。

Q6　法人である債務者（根抵当権設定者は物上保証人）が清算結了した場合、根抵当権は確定するか。

A 平成16年改正民法施行前は確定していると解して差し支えないであろう。平成16年改正民法施行後については明らかではない。

【解説】 Ⅱ1(6)・3(5)参照。

　これが問題となるのは、後順位担保権者が存在する場合等に、根抵当権者が先順位の根抵当権を再利用しようとする場合である。債務者である法人が清算結了している場合であっても、確定前の根抵当権として債務者の変更登記をすることができるかについては明らかではない。

　ちなみに、根抵当権の債務者変更の登記申請の当事者は、根抵当権設定者と根抵当権者であるので、債務者である法人の本店所在地の管轄法務局と根抵当権が設定された不動産の管轄法務局が異なる場合には、管轄法務局には債務者の清算結了の事実が判明しないし、同管轄であったとしても登記官が知り得なければ、当該登記申請は何ら問題とされることもないであろう。しかし、債務者の変更登記を了したことと、実体的な根抵当権の未確定とは別

VI Q&A

問題である。

Q7 確定登記がされていれば、根抵当権が確定していることが保証されるのか。

A 保証されない。

【解説】 民法398条の20第2項により確定効が覆滅した場合、その原因となった事実についての善意・悪意により確定効が否定される場合があり得る（Ⅲ2（8）（9）参照）。これを回避するためには、民法398条の19第2項による根抵当権者からの確定請求が有益ではある（Ⅳ3参照）。

しかし、確定請求通知が到達したとしてもその態様（Ⅴ3（1）イ（ア）②（ⅲ）（ⅳ）参照）において根抵当権の確定効が否定されないのかという問題がある。さらに、確定請求通知の到達については、根抵当権設定者が重度の認知症等であり、判断能力又は意思能力を著しく喪失している場合があるといった、新たな問題も生じてきている。

確定登記を了したとしても、実体的に確定効の覆滅についての善意・悪意、確定請求通知の到達についての事実認定により、確定登記が無効なものとなってしまう可能性もないわけではないであろう。

実務上は、「原債権者と代位弁済者等」「バルクセールにおける債権の譲渡人と譲受人」間の取引状況や力関係により、確定についてややグレーな状態での被担保債権の代位弁済や債権譲渡等もあり得ないことではないので、一概には言えないが、根抵当権が確定しているか否かの判断については、慎重であるに越したことはない。

1 確定効とその覆滅

Q8 平成16年改正民法施行前に設定された根抵当権について、確定前にしかすることができない登記がされていれば、根抵当権は確定していないのか。

A 確定していることもある。

【解説】 平成16年改正民法施行前に既に「取引の終了等により」確定している場合には、平成16年改正民法施行後も確定効は覆滅しない（Ⅱ1（6）参照）。この問題について、「確定前の根抵当権として全部譲渡の登記等がされているのに、それ以前に根抵当権が確定しているなどということが認定されることが本当にあるのか？」というご質問を頂くことがある。

結論を先に言えば、あり得るのである。公表されていない訴訟事件も相当数存在しているであろう。我が国の不動産登記制度には公信力が無い。つまり、登記がされていても、その原因となる実体的な法律行為や法律効果が否定されてしまえば、当該登記は抹消されるか、何の意味もないものとなってしまう運命にある。

根抵当権は被担保債権との附従性がないゆえに、肩代わり融資の際など、新規設定に代えて全部譲渡を受けることにより登録免許税の節約にもなるし、既に存在する後順位担保権者等に対して優先弁済権を取得することができる。極度額の範囲内なら複数回の融資について被担保債権とすることもできる。便利な担保権なのである。しかし、不良債権処理の最終段階になって、平成16年改正民法施行前に根抵当権が確定してしまっていることが配当異議訴訟等により浮上し、結果として無担保融資をしたことになってしまう可能性がないわけではない。平成16年改正民法施行前に設定された根抵当権についてはこのような落とし穴も存在するので、注意を要する。

2　確定登記の要否

Q9 根抵当権の債務者に相続が開始した後6か月が経過して根抵当権が確定した。相続人のうちの1人が免責的債務引受をしたので債務者の変更登記をしたいが、その前提として確定登記は必要か。

A 不要である。

【解説】　免責的債務引受による債務者の変更登記をする前提として、相続による債務者の変更登記をする必要があるが、その原因年月日から既に相続開始後6か月経過していることが登記記録上明らかとなるからである。Ⅲ2(2)参照。

Q10 根抵当権設定者兼債務者に相続が開始した後6か月が経過して根抵当権が確定した。所有権について相続登記を了していれば、免責的債務引受による債務者の変更登記をする前提として、確定登記は不要か。

A その他の事由により登記記録上根抵当権の元本が確定していることが明らかでない限り、確定登記を要する。

【解説】　根抵当権設定者と債務者の住所と氏名が一致しているからといって、これらの者を同一人と断定することができず、また、根抵当権設定者の死亡前に根抵当権の債務者の変更がされている可能性もあるからと説明されている。上記Q9、Ⅲ2(2)参照。

3　確定請求書

Q11 根抵当権設定者が確定請求書を受け取らない場合にはどうすればよいか。

A 原則として根抵当権の確定登記を単独申請することができない。例外として、根抵当権者と根抵当権設定者が根抵当権の確定について事前に協議連絡をしたことが確認できる資料等により、確定請求書が根抵当権設定者に到達したと登記官が認めることができるときは、留置期間が満了した旨が記載された確定請求書（内容証明郵便）及び確定請求書が根抵当権設定者に到達したと認められる資料で、単独申請することができるとする見解がある。

【解説】　Ⅴ3(1)イ(ア)②(ⅲ)、【図表6】⑯⑰参照。

Q12 根抵当権設定者が行方不明の場合、確定請求はどうすればよいか。

A 民法97条の2による意思表示の公示送達（公示による意思表示）の手続によることが可能である。

【解説】　【図表6】⑮参照。

Q13 法人の代表者として登記されていない支店長等が確定請求書の作成名義人である場合には、確定登記を単独申請することができるか。

Ⅵ Q&A

A　私見では、実質的に申請に係る不動産取引を行う権限があることを証する情報を併せて添付情報とする場合には可能なのではないかと考えるが、明らかではない。

【解説】Ⅴ3(1)イ(ア)③(ⅲ)、【図表7】㉓参照。

Q14 根抵当権者が確定請求書を作成する場合の留意点は何か。

A　Ⅴ3(1)イ(ア)①②③、【書式例8】、【図表6】、【図表7】参照。

4　根抵当権の確定と被担保債権

Q15 根抵当権の確定後に、被担保債権である手形貸付の手形の書替をした場合、その後も貸付債権は被担保債権に含まれるか。

A　書替前と書替後の貸付債権の同一性が認められる場合には被担保債権となる。

【解説】手形書替により旧手形を返還する場合には、旧手形債務は代物弁済又は更改により消滅する可能性があると解されているので注意を要する。書替に際して、旧手形を返還せず、債務者・連帯保証人・担保提供者等に対する弁済期変更契約書等において、新旧手形に係る債権の同一性と担保・保証は書替後も存続する旨の条項を明確にしておくべきであろう（最一小判昭29・11・18民集8巻11号2052頁・金法60号4頁、米津稜威雄「手形書替の法的性質」金法1581号34頁（平12）、神宮字謙「手形書替と担保・保証」金法1785号18頁（平18））。

VII

先例、判例、参考文献

Ⅶ　先例、判例、参考文献

1　通達・回答

※時系列順。条文の表記は発出時のままである。

明32・6・27民刑第1162号民刑局長回答（法務省民事局編『登記関係先例集（上）』81頁（帝国判例法規出版社、昭30））

【要旨】　判決又は相続による登記申請の場合には、登記義務者の登記済証は提出しなくても差し支えない。

昭11・5・9民事甲第532号民事局長回答（法務省民事局編『登記関係先例集（上）』621頁（帝国判例法規出版社、昭30））

【要旨】　債権者代位により遺産相続登記の申請をする場合においては、相続放棄の申述のないことの裁判所の証明書を添付することを相当とする。

昭23・9・21民事甲第3010号民事局長通達（法務省民事局編『登記関係先例集（上）』858頁（帝国判例法規出版社、昭30））

【要旨】　債権者代位による登記において要求される「代位原因を証する書面」とは、登記官吏が当事者間に債権の存在することを確認し得るものであれば足りるので、公正証書はもちろん私署証書又は手形等もその要件を満たす。

昭30・6・4民事甲第1127号民事局長回答（登研92号33頁）

【要旨】　（旧根抵当権）被担保債権を特定する基本契約が存しない根抵当権設定契約は有効のものと解することはできない。

昭36・5・23民事甲第1210号民事局長回答（登研166号19頁）

【要旨】　（旧根抵当権）確定後の根抵当権の数個の被担保債務について、新たな弁済契約を締結したことによる変更登記の申請例。

昭41・3・29民事三発第158号民事局第三課長回答（登先58巻［6巻5号］39頁）

【要旨】　（旧根抵当権）根抵当権の元本極度額増額の予約契約に基づき、当該極度額増額による根抵当権の変更請求権保全の仮登記をすることができる。

昭44・3・3民事甲第373号民事局長回答（登先93号［9巻4号］25頁）

【要旨】　市町村長が壬申戸籍が廃棄処分された後に代位による相続登記を嘱託する場合、「廃棄処分により除籍謄本を添付できない」旨の当該市町村長の証明書及び「他に相続人はない」旨の相続人全員の証明書（印鑑証明書付き）を添付する取扱いによって差し支えない。

昭46・10・4民事甲第3230号民事局長通達（登先209号［19巻1号］150頁）【民法の一部改正に伴う登記事務の取扱いについて】

【要旨】・根抵当権設定後においても、登記原因の日より5年を超えない日を確定期日とする根抵当権の変更登記を申請することができる。
　　・登記された確定期日以後に、確定期日の変更の登記の申請をすることはできない。
　　・根抵当権の確定の登記は、根抵当権者が登記義務者、設定者が登記権利者である。確定した旨及び確定の日を登記原因及びその日付とし、確定時における債権額は申請書記載事項ではない。
　　・共有根抵当権の場合、各共有者について担保すべき債権の範囲又は債務者が異なっても差し支えない。

昭46・12・27民事三発第960号民事局第三課長依命通知（登先128号［12巻3号］55頁）【民法の一部改正に伴う登記事務の取扱いについて】

【要旨】　根抵当権が確定していることが登記簿上明らかなときでなければ、確定後にのみし得る登記の申請をすることができない。

昭52・2・5民三第774号民事局第三課長回答（登先190号［17巻6号］3頁）

【要旨】　根抵当権の確定期日が登記されている場合、これを廃止したことによる根抵当権の変更登記はできる。

昭54・11・8民三5731号民事局第三課長回答（登先224号［20巻4号］3頁）

【要旨】　登記簿上根抵当権が確定していることが明らかでない場合には、確定の登記を経由しなければ確定後の代位弁済による根抵当権の移転の登記はできない（注：債務者が行方不明であり、物上保証人が代位による根抵当権の移転登記を拒否しているような事案についての照会に対するものである）。

・根抵当権者は、根抵当権設定者に対して確定の登記手続を命ずる判決を得て、単独で確定の登記申請をすることができる。なお、被担保債権の代位弁済者は、根抵当権者に代位して根抵当権者の設定者に対する確定の登記請求権を行使することができる。

昭55・2・14民三第867号民事局第三課長回答（登先225号［20巻5号］3頁）

【要旨】 判明している相続人以外の相続人の存在が推定されるが、除籍簿が廃棄されていてその存在が不明な場合において、「廃棄処分により除籍謄本を添付できない」旨の市町村長の証明書及び推定される相続人が死亡し、かつ、その者に子がなかったことが認定できる過去帳に基づく寺の証明書があれば、他に相続人全員がいない旨の相続人全員の証明書の提出を要しない。

・持分がないことの証明を出している相続人からも、他に相続人がいない旨の証明を必要とする。

・相続人の証明書には印鑑証明書の添付を要する。

昭55・3・4民三第1196号民事局第三課長回答（登研390号77頁）

【要旨】 根抵当権の元本確定後、根抵当権設定者が元本確定登記に協力しない場合には、根抵当権者を原告、根抵当権設定者を被告として、元本確定登記を命ずる判決を得て、単独でその登記を申請することができる。

・根抵当権について確定債権の代位弁済をした者は、根抵当権者に代位して根抵当権設定者に対する元本確定登記を命ずる判決を得て、単独でその登記を申請することができる。

昭55・12・24民三第7175号民事局長回答（登先236号［21巻5号］3頁）

【要旨】 根抵当権の確定前の被担保債権に対する差押えの登記及び質入の登記は受理して差し支えない。

昭56・3・5民三第1431号民事局長回答（登先239号［21巻8号］115頁）

【要旨】（根抵当権の確定に関する契約証書等の様式について）詳細省略

昭57・7・6民三第4278号民事局第三課長回答（登研421号91頁）

【要旨】 民法392条2項の規定により、根抵当権について代位の付記登記を申請する場合、登記簿上根抵当権が確定していることが明らかでないときは、前

提として元本の確定登記を経由する必要がある。

　・元本の確定登記は、根抵当権者が登記義務者、設定者が登記権利者である。

昭58・2・2民三第1311号民事局第三課長回答（登研427号85頁）

【要旨】　除籍簿が火災で焼失し、それまでの間に子がない証明が不能の場合であって、共同相続人のうちの一人が単独相続するときにおいて、その単独相続人の「一切の責任をもつ」証明をもって共同相続人がいない証明には代えられない。

平9・7・31民三第1301号民事局第三課長回答（登先438号［38巻5号］94頁）

【要旨】　根抵当権の転根抵当権者又は被担保債権の質権者がした抵当不動産についての競売の申立ては、民法398条の20第1項2号の確定事由に該当しない（民法398条の20第1項4号の確定事由に該当する）。

　・根抵当権の一部譲渡を受けた者がした抵当不動産についての競売の申立ては、民法398条の20第1項2号の確定事由に該当する。

平10・10・23民三第2068号民事局長通達（登情447号67号）【金融機関等が有する根抵当権により担保される債権の譲渡の円滑化のための臨時措置に関する法律の施行に伴う不動産登記事務の取扱いについて】

【要旨】　金融機関が、その有する根抵当権の被担保債権の全部を特定債権回収機関に売却しようとする場合、債務者に対して次の事項を書面により通知したときは、確定期日の定めがある場合を除き、民法398条の20第1項1号に該当するものとみなして当該根抵当権の元本が確定する。

　・根抵当権の被担保債権の全部を特定債権回収機関に売却すること。

　・当該根抵当権の担保すべき元本を新たに発生させる意思がないこと。

平10・10・23民三第2069号民事局長通達（登情447号71頁）【競売手続の円滑化等を図るための関係法律の整備に関する法律の施行に伴う不動産登記事務の取扱いについて】

【要旨】　根抵当権者が民法398条の20第1項4号の規定により確定した場合の登記については、民事執行法49条2項の規定による催告又は国税徴収法55条

の規定による通知（以下「催告等」という）を受けたことを証する書面を添付し、かつ、当該根抵当権又はこれを目的とする権利の取得の登記とともにする場合に限って、根抵当権者が単独で申請をすることができる。

・根抵当権者が単独で元本確定の登記を申請する場合には、申請書に催告等を受けたことを証する書面の添付を要する。

平11・3・30民三第642号民事局第三課長回答（登情456号40頁）

【要旨】 民法398条の20第1項4号により根抵当権が確定した場合、競売の申立ての取下げ等の前に根抵当権の確定後の債権譲渡等がされていれば、不動産登記法119条の9による根抵当権者からの単独申請による確定の登記をすることができる。

平12・4・3民三第883号民事局第三課長回答（登情474号132頁）

【要旨】 根抵当権の債務者について、費用不足による破産廃止決定が確定した後に、民法398条の20第1項5号に基づいて根抵当権の確定の登記を申請することができる。根抵当権者が確定の登記手続を請求する訴訟を提起をする場合には、債務者の当時の破産管財人又は清算人を被告とするのが相当である。

平14・5・30民二第1309号民事局民事第二課長依命回答、同日民二第1310号民事局民事第二課長依命通知（登研679号157頁）

【要旨】 仮登記された根抵当権について、元本確定の登記を申請することができる。登記の形式としては、付記の本登記により登記される。

平15・12・25民二第3817号民事局長通達（登情512号40頁）【担保物権及び民事執行制度の改善のための民法等の一部を改正する法律の施行に伴う不動産登記事務の取扱いについて】

【要旨】（確定登記に関する部分の要旨）
　新民法389条の19第2項の規定に基づき、配達証明付内容証明郵便による確定請求をしたことを証する書面を申請書に添付する場合には、根抵当権者は、元本確定の登記を単独で申請することができる。

平16・12・16民二第3554号民事局長通達（登情528号46頁）【破産法の施行に伴う不動産登記事務の取扱いについて】

【要旨】 破産者が法人の場合、破産財団に属する権利で登記がされたものに関する破産の登記・破産取消し・破産廃止若しくは破産終結の登記の制度は廃止された。
・破産者が個人の場合、裁判所書記官は、破産財団に属する権利で登記がされたものがあることを知ったときは、遅滞なく破産手続開始の登記の嘱託をしなければならない。
・債務者又は根抵当権設定者が破産手続開始の決定を受けたことによって根抵当権の元本が確定した場合、根抵当権者は、申請書に破産手続開始の決定の裁判書の謄本を添付して、単独で根抵当権の元本の確定の登記を申請することができる。
・上記の単独申請は、当該根抵当権又はこれを目的とする権利の取得の登記とともにする場合に限られる。

平21・2・20民二第500号民事局長通達
【要旨】（不動産登記記録例について）詳細省略

昭和50年度法務局地方法務局登記課長会同第5問（登研342号68頁）
【要旨】 共同根抵当権の1個につき民法398条の20第1項4号・5号の事由が生じた場合、当該1個について根抵当権を抹消しても残存共同根抵当権は確定する。同項4号の場合、2週間経過前に当該1個について根抵当権を抹消した場合には、残存共同根抵当権は確定しない。

昭和50年度法務局地方法務局登記課長会同第14問（登研342号74頁）
【要旨】 根抵当物件が土地区画整理法107条3項による登記停止区域内にあるため、指定債務者の合意の登記を6か月以内にすることができない場合には、根抵当権は確定する。

平17・3・17東京法務局実務協議会協議事項（東京司法書士会千代田・中央・文京支部）質問③に対する回答
【要旨】 登記原因証明情報の不動産の表示について、「○○番○○の土地」、「家屋番号○○番○○の建物」等の省略した記載を認めていない。

Ⅶ　先例、判例、参考文献

2　判　例

※時系列順。条文の表記は判決時のままである。

大決昭5・9・23（民集9巻11号918頁）

【要旨】　物上代位の目的債権が債権譲渡され第三者対抗要件を具備した後において、抵当権者が物上代位権を行使することはできない（注：土地区画整理による補償金債権を目的債権とした事案。最二小判平10・1・30民集52巻1号1頁・金法1508号67頁により判例変更）。

大判昭11・2・14（民集15巻2号158頁）

【要旨】　催告及び解除の意思表示が内容証明郵便により相手方に配達され、その内縁の妻が、本人不在でいつ帰宅するか判明しないとして受領拒否をした場合において、相手方が昼間は不在がちであり往々外泊したにすぎないのが実情であるときは、当該意思表示は到達したといえる。

最二小判昭36・11・24（民集15巻10号2573頁）

【要旨】　土地の買主が、所有権移転登記を経由した後に売主の売買契約の条件の不履行のためにその契約を解除した場合、買主は売主に対し、当該所有権移転登記の抹消登記手続を求めることができる。

最三小判昭42・1・31（民集21巻1号43頁・金法471号25頁）

【要旨】　期間の定めのない根抵当権設定契約を締結した物上保証人は、根抵当権設定当時に比して著しい事情の変更があった等の正当事由があるときは、当該根抵当権設定契約を解約告知することができる。

最二小判昭42・12・8（民集21巻10号2561頁・金法501号20頁）

【要旨】　債権者が一定の被担保債権額（債権元本極度額）を定めた根抵当権の設定を受けたが、その有する債権額が当該被担保債権額を超える場合には、その根抵当物件の第三取得者が当該被担保債権額を弁済しても、債権の一部の弁済

をしたにすぎないので、債権者との間に合意が成立し、又は代価弁済（民法377条）、滌除（民法378条以下）等の方法によらない限り、当然には抵当物件の被担保債権は消滅しない。

最一小判昭48・10・4（金法701号30頁）

【要旨】 根抵当権者は、元本極度額の登記がある場合以外は、根抵当権の極度額を超える部分については優先弁済権を主張することができないとともに、極度額の定めは根抵当権者の根抵当物件について有する換価権能の限度としての意味を有するので、その結果、根抵当権者は、後順位担保権者など配当を受け得る第三者が存せず、競売代金に余剰が生じたとしても、極度額を超える部分について、当該競売手続においては配当を受けることができない。

東京高判昭49・3・19（金法720号34頁）

【要旨】 根抵当権設定契約書に、「債務者が手形の不渡処分を受け支払停止をなしその他不信用な行為があったときは、根抵当権者の何らの通知催告を要せず本契約は解除される」旨の条項がある場合でも、「何らの通知催告を要せず」とあるのは、解除の場合にその前提としての催告を不要とする趣旨であり、債務者の手形不渡事故ないし支払停止（倒産）によっては、当然には根抵当権は確定しない。

大阪高判昭50・3・18（金法753号32頁）

【要旨】 根抵当権の被担保債権の範囲として定められた特定の継続的取引契約が解除などで終了したときは、民法398条の20第1項1号所定の「取引の終了」に該当し、根抵当権は確定する。

東京地判昭51・6・15（判タ346号254頁）

【要旨】 根抵当権の債権の範囲が「消費貸借取引 手形債権 小切手債権」である場合、根抵当権の債務者が銀行取引停止処分を受け、未決済の手形・小切手がないときは、根抵当権は、民法398条の20第1項1号の事由に該当するものとして確定する。

福岡地判昭52・12・8（金判717号7頁）

【要旨】 根抵当権の債務者が銀行取引停止処分を受けた上に行方不明となった場

Ⅶ　先例、判例、参考文献

合には、新たな信用供与が行われるとは常識上考えられないので、根抵当権は確定する。

名古屋地判昭56・12・11（金判640号37頁）
【要旨】　根抵当権の債務者が銀行取引停止処分を受け、その後営業活動を停止して全く手形を振り出していない場合には、根抵当権は、民法398条の20第1項1号の「その他の事由」に該当するものとして確定する。

大阪地判昭61・12・26（金法1188号32頁）
【要旨】・根抵当権者と根抵当権設定者が、基本となる継続的取引契約を合意解除したときは、民法398条の20第1項1号の「取引の終了」に該当する。
　　　・民法398条の20第1項1号中の「取引ノ終了其ノ他ノ事由ニ由リ担保スベキ元本ノ生ゼザルコトト為リタルトキ」の認定に当たっては相当に慎重でなければならない。この事由の有無は、本来、根抵当権の取引当事者である根抵当権者と根抵当権設定者が決すれば足りる問題である。

最二小判昭62・12・18（民集41巻8号1592頁・金法1182号38頁）
【要旨】　不動産競売手続において、同一の担保権者に対する配当金がその担保権者が有する数個の被担保債権のすべてを消滅させるに足りないときは、配当金は当該数個の債権について民法489条から491条までの規定に従った法定充当がされるべきであり、これと異なる指定充当は許されない。

東京地判平元・8・23（金判849号30頁）
【要旨】　根抵当権の債務者が事実上倒産し、私的整理が行われ、それが終了した場合、遅くとも債権者委員会による最終配当がなされた時点において根抵当権は確定したものというべきである。

最二小判平元・10・27（民集43巻9号1070頁・金法1247号24頁）
【要旨】　抵当権の目的不動産が賃貸された場合、抵当権者は目的不動産の賃借人が供託した賃料の還付請求権について抵当権を行使することができる。

東京地判平4・12・7（金法1366号45頁）
【要旨】　融資契約を前提として根抵当権を設定した者が、融資契約の不履行を理由に融資契約を解除したときは、当該根抵当権は確定する。

最二小判平 9 ・ 1 ・20（民集51巻 1 号 1 頁・金法1479号50頁）

【要旨】 不動産競売手続における債務者が複数の根抵当権についての配当金が被担保債権のすべてを消滅させるに足りないときは、配当金を各債務者の被担保債権額に応じて按分した上で、民法489条から491条までの規定に従って各債務者に対する被担保債権に充当すべきである。

最二小判平10・ 1 ・30（民集52巻 1 号 1 頁・金法1508号67頁）

【要旨】 民法304条 1 項ただし書にいう「払渡又ハ引渡」には債権譲渡が含まれないので、抵当権者は、物上代位の目的債権が譲渡され第三者対抗要件が備えられた後であっても、自ら目的債権を差し押さえて物上代位権を行使することができる（大決昭5 ・ 9 ・23を変更）。

最三小判平10・ 2 ・10（金法1508号67頁）

【要旨】 最二小判平10・ 1 ・30と同旨。

東京地判平10・ 4 ・22（金法1536号53頁）

【要旨】 根抵当権の債務者が手形不渡りにより銀行取引停止処分を受けても、根抵当権者及び債務者ともに根抵当権の債権の範囲に含まれる取引を終了させる意思が全くなく、条件次第で取引を再開するつもりであったときは、根抵当権は確定しない。

東京地判平10・ 5 ・22（金法1540号67頁）

【要旨】 信用組合が実質上経営破綻し、臨時総代会において債権譲渡及び事業の全部譲渡の決議がなされた結果、根抵当権者と債務者との間に融資取引ができなくなった場合には、根抵当権は取引終了を原因として確定する。

最一小判平10・ 6 ・11（民集52巻 4 号1034頁・金法1525号54頁）

【要旨】 内容証明郵便が留置期間経過により差出人に還付された場合、相手方が不在配達通知書の記載によりその内容を推知でき、受領の意思があればさしたる労力や困難を伴うことなく当該郵便を受領することができるときは、当該郵便の内容である意思表示は、遅くとも留置期間が満了した時点で相手方に到達したものと認めることができる。

東京地判平10・ 9 ・25（金法1540号68頁）

VII 先例、判例、参考文献

【要旨】 東京地判平10・5・22と同旨。

最二小決平12・4・14（民集54巻4号1552頁・金法1585号30頁）

【要旨】 抵当権者は、抵当不動産の賃借人（転貸人）を所有者と同視することを相当とする場合を除き、その賃借人（転貸人）が取得すべき転貸賃料債権に対して、抵当権に基づく物上代位権を行使することができない。

最一小判平15・7・3（金法1690号106頁）

【要旨】 配当異議の訴えにおいて、競売申立書の被担保債権の記載が錯誤・誤記等に基づくものであること及び真実の被担保債権額を立証することができれば、真実の権利関係に即した配当表への変更を求めることができる。

最一小判平17・1・27（民集59巻1号200頁・金法1738号105頁）

【要旨】 不動産を目的とする1個の抵当権が数個の債権を担保し、そのうちの1個の債権のみについての保証人が当該債権に係る残債務全額を代位弁済し、当該抵当不動産の売却代金が被担保債権のすべてを消滅させるに足りないときは、債権者と保証人は、特段の合意がない限り、当該売却代金について、債権者が有する残債権額と保証人が有する求償権額に応じて案分して弁済を受ける。

福岡高判平19・3・15（登情568号64頁）

【要旨】 不動産を目的とする1個の根抵当権が確定後に数個の債権を担保し、そのうちの1個の債権のみについての保証人が当該債権に係る残債務全額を代位弁済した場合、不動産競売手続の配当において、債権者は代位弁済者に優先する（上告中）。

東京高判平20・6・25（登情563号116頁）

【要旨】 根抵当権の譲渡の効力を主張するためには、元本の確定前に登記しなければならない。

東京高判平20・7・8（金法1865号56頁）

【要旨】 銀行は銀行法によって規律されており、貸金業法は適用されず、貸金業法21条1項の立法趣旨は貸金業者による厳しい取立てを防止するというものであるから、そのような社会的実態のない銀行に対して貸金業法を類推適用す

る余地はない。

名古屋高判平20・12・19（金法1867号46頁）

【要旨】　被担保債権の一部を請求債権として担保不動産競売を申し立てた債権者が、配当要求の終期後に、請求債権を拡張するために残余の被担保債権の一部を請求債権として二重開始決定を得たとしても、先行事件の配当期日において、後行事件の請求債権額については配当を受けることができない。

3　参考文献

（1）　単行本　※50音順

幾代通『不動産登記法〔第3版〕』（有斐閣、平元）

石原辰次郎『破産法和議法実務総攬〔全訂版〕』（酒井書店、昭56）

小川弘喜＝渡辺昭二『書記官事務を中心とした和解条項に関する実証的研究』（裁判所書記官研修所、昭55）

河合芳光『逐条不動産登記令』（金融財政事情研究会、平17）

髙妻新＝荒木文明『相続における戸籍の見方と登記手続〔全訂〕』（日本加除出版、平17）

最高裁判所事務総局民事局監修『民事書記官事務の手引（執行手続－債権編－）』（法曹会、平2）

最高裁判所事務総局編『民事書記官事務の手引（執行手続－不動産編－）(上)』（法曹会、昭63）

最高裁判所事務総局編『民事書記官実務の手引（執行手続－不動産編－）(下)』（法曹会、平元）

阪本勁夫『不動産競売申立ての実務と記載例〔全訂3版〕』（金融財政事情研

Ⅶ 先例、判例、参考文献

　究会、平17）

清水響編著『Q&A不動産登記法』（商事法務、平17）

司法研修所編『破産事件の処理に関する実務上の諸問題』（法曹会、昭60）

商事法務研究会編『新根抵当法の解説』（商事法務研究会、昭46）

鈴木正和＝石井眞司編『根抵当実務全書』（金融財政事情研究会、昭53）

鈴木正和＝両部美勝『相続と債権保全対策〔新版〕』（金融財政事情研究会、平18）

鈴木禄彌『根抵当法概説〔第3版〕』（新日本法規出版、平10）

園部厚『不動産競売マニュアル（申立・売却準備編）〔新版〕』（新日本法規出版、平18）

谷口園恵＝筒井健夫編著『改正担保・執行法の解説』（商事法務、平16）

貞家克己＝清水湛『新根抵当法』（金融財政事情研究会、昭48）

東京地裁配当等手続研究会編著『不動産配当の諸問題』（判例タイムズ社、平2）

東京地裁民事執行実務研究会編著『不動産執行の理論と実務（上）〔改訂版〕』（法曹会、平11）

東京地裁民事執行書記官実務研究会編著『不動産の競売手続ハンドブック〔改訂版〕』（金融財政事情研究会、平22）

中野貞一郎＝道下徹編『基本法コンメンタール破産法』（日本評論社、平元）

西村信雄編『注釈民法（11）』（有斐閣、昭40）

日本司法書士会連合会編『Q&A不動産登記オンライン申請の実務－特例方式－』（日本加除出版株式会社、平21）

日本法令不動産登記研究会編『窓口の相談事例にみる事項別不動産登記のQ&A200選』（日本法令、平20）

枇杷田泰助監修『根抵当登記実務一問一答』（金融財政事情研究会、昭52）

藤谷定勝監修『新不動産登記法一発即答800問』（日本加除出版、平19）

法務省民事局参事官室編『Q&A新競売・根抵当制度』（商事法務研究会、平11）

法務省民事局第3課編『例解　新根抵当登記の実務』（商事法務研究会、昭47）

細田進＝後藤浩平『嘱託登記の実務〔新版補訂〕』（新日本法規出版、平20）

柚木馨＝高木多喜男編『新版注釈民法(9)』（有斐閣、平10）

吉野衛『注釈不動産登記法総論（上）1条～27条〔新版〕』（金融財政事情研究会、昭57）

吉野衛『判例からみた不動産登記の諸問題』（新日本法規出版、昭52）

我妻榮『新訂擔保物權法（第21刷）』（岩波書店、昭43）

（2）　論文・解説　※記名論文等は50音順。その他は時系列順。

荒川雄二郎「根抵当権と滞納処分」金法667号4頁（昭和47）

尾島茂樹「62　売主の登記引取請求権」安永正昭＝鎌田薫＝山野目章夫編『不動産取引判例百選〔第3版〕』126頁（有斐閣、平20）

香川保一「根抵当法逐条解説（14）」登研542号1頁（平5）

小宮山秀史「逐条解説不動産登記規則（20）」登研726号17頁（平20）

佐藤武「弁護士法23条の2に基づく照会（不動産登記法119条ノ9の根抵当権の元本の確定の登記および移転の登記の申請と民法第398条ノ2第2項の元本の確定の効力と覆滅との関係等）について」登情456号30頁（平11）

清水湛「特集　新根抵当法の逐条解説（上）（中）」金法618号4頁（昭46）、619号4頁（同）

清水湛「根抵当権の確定と登記をめぐる諸問題（上）（下）」登先236号［21巻5号］33頁（昭56）、237号［21巻6号］3頁（同）

清水勲＝三井龍雄「事例研究　一　根抵当権の債務者の相続と確定の登記」登先182号［16巻10号］111頁（昭51）

関沢正彦「第三取得者による極度額弁済の効果」椿寿夫編『担保法の判例Ⅰ』251頁（有斐閣、平6）

田原睦夫「各種倒産手続と担保権の取扱い－概論－」全国倒産処理弁護士ネットワーク編『倒産手続と担保権』2頁（金融財政事情研究会、平18）

VII 先例、判例、参考文献

田原睦夫「倒産手続と根担保」徳田和幸ほか編『現代民事司法の諸相　谷口安平先生古稀祝賀』461頁（成文堂、平17）

貞家克己＝清水湛「特集　根抵当に関する民法の一部を改正する法律案要綱案の解説」金法565号4頁（昭44）

照屋敦「担保物権及び民事執行制度の改善のための民法等の一部を改正する法律の施行に伴う不動産登記事務の取扱いについて」登研677号83頁（平16）

東京地方裁判所民事執行センター「さんまエクスプレス＜第32回＞保証人が抵当権の数個の被担保債権のうちの1個を代位弁済した場合の配当方法」金法1760号14頁（平18）

中井康之「根抵当権(2)根抵当権の元本の確定をめぐる諸問題」全国倒産処理弁護士ネットワーク編『倒産手続と担保権』67頁（平18）

中村隆＝三井龍雄「事例研究　二　根抵当権の確定後でなければなしえない登記申請」登先178号［16巻5号］109頁（昭51）

野村重信「極度額を超える被担保債権を有する根抵当権者の優先弁済権」（椿寿夫編『担保法の判例Ⅰ』226頁（平6）

枇杷田泰助ほか「新根抵当登記問答（第20回）」金法662号38頁（昭47）

房村精一「ケーススタディ　最近の根抵当登記実務の問題点」登先376号［33巻3号］7頁（平5）。

藤谷定勝「差押えの登記ある不動産に対する根抵当権設定と確定」登先260号［3巻5号］6頁（昭58）

弁護士法人中央総合法律事務所編著「施行直前！改正担保・執行法Ｑ＆Ａ」金法1700号47頁（Q36）〔近藤恭子〕（平16）

堀内仁「根抵当権の共有」金法636号40頁（昭47）

升田純「根抵当権の確定をめぐる諸問題の現状と展望」登情466号24頁（平12）

満田忠彦「担保すべき元本の確定の登記の効力－確定の登記と確定後の処分の登記との関係－」登先174号16巻1号］60頁（昭51）

森田和志「金融機能再生のための緊急及び臨時措置等に伴う最近の不動産登記申請における手続きの特例の概要一覧」登イン2巻2号90頁（平12）

「昭55・3・4民三第1196号民事局第三課長回答（登記研究390号77頁）の解説」登研390号78頁（昭55）

「昭57・7・6民三第4278号民事局第三課長回答（登記研究421号91頁）の解説」登研421号93頁（昭58）

「カウンター相談(3)　第三者の差押えと根抵当権の確定について」登研514号145頁（平2）

「登記簿　元本が確定していることが登記簿上明らかでない根抵当権設定の登記につき滌除を原因とする抹消の申請の可否」登研578号45頁（平8）

「カウンター相談（77）　根抵当権の共有者の一人に確定事由が生じた場合の確定の有無等について」登研588号161頁（平9）

「平9・7・31民三第1302号民事局第三課長回答（登記先例解説集38巻5号94頁）の解説」登研603号118頁（平10）

「登記簿　根抵当権の元本確定後に債権譲渡を受けた者が債権者代位により所有権移転登記をする場合の代位原因について」登研606号89頁（平10）

「平10・10・23民三第2068号民事局長通達（登記研究612号149頁）の解説」登研613号85頁（平11）

「平10・10・23民三第2069号民事局長通達（登記研究612号153頁）の解説」登研613号90頁（平11）

「登記簿　金融機関等が有する根抵当権により担保される債権の譲渡の円滑化のための臨時措置に関する法律に基づく根抵当権の元本確定の登記の申請書に添付する『通知をしたことを証する書面』について」登研614号137頁（平11）

「登記簿　競売手続の円滑化等を図るための関係法律の整備に関する法律による改正後の不動産登記法第119条の9の取扱いについて」登研615号157頁（平11）

VII 先例、判例、参考文献

「カウンター相談（117）根抵当権設定仮登記について元本確定後でなければすることができない登記の申請をすることの可否について」登研629号127頁（平12）（注：「質疑応答【6486】」登研442号83頁、「質疑応答【7704】」登研623号161頁参照）

「カウンター相談（121）転根抵当権の元本確定の登記の要否について」登研633号97頁（平12）

「登記簿　担保提供者の一人の持分に破産の登記がされた場合の根抵当権の確定について」登研649号195頁（平14）

「登記簿　『権利放棄』を原因として破産の登記が抹消されている場合における根抵当権の元本確定の登記の要否について」登研658号209頁（平14）

「カウンター相談（152）根抵当権の元本の確定の登記について」登研667号179頁（平15）

「登記簿　根抵当権者の元本確定請求について」登研676号179頁（平16）

「カウンター相談（158）根抵当権設定者が死亡している場合の不動産登記法119条の9の規定に基づく登記」登研677号213頁（平16）

「カウンター相談（158）の訂正コメント」登研681号252頁（平16）

「カウンター相談（170）民法第398条の19第2項の規定による元本の確定請求の相手方について」登研698号257頁（平18）

「カウンター相談（177）根抵当権者からの元本確定請求に基づく登記の申請について」登研706号207頁（平18）（注：「質疑応答【7692】」登研618号183頁参照）

「登記簿　相続を証する情報である除籍簿の一部が焼失等により提供できない場合において、相続人全員の『他に相続人はいない』旨の証明書の添付がない場合の取り扱いについて」登研717号179頁（平19）

「登記官の窓　根抵当権者による元本確定請求と元本確定の登記申請について」登イン115号151頁（平21）

（3） 座談会・対談・アンケート　※50音順

石井眞司＝秦光昭「特集Ⅱ　根抵当実務に関するアンケート調査の集計結果とその分析」金法1361号30頁（平5）

香川保一＝石井眞司「＜特別対談＞根抵当権の確定をめぐる実務上の諸問題と対応策」金法1303号4頁（平3）

高木新二郎ほか「＜座談会＞民事執行実務をめぐる最近の諸問題と対応策」金法1378号111頁（平6）

堀内仁ほか「座談会　新根抵当と金融取引〔第13回〕〔第14回〕〔第15回〕」金法638号34頁（昭47）・639号14頁（同）・640号14頁（同）

「匿名座談会　新根抵当法の運用をめぐって」金法645号10頁（昭47）

（4） 質疑応答（『登記研究』）

※時系列順。条文の表記は掲載時のままである。

「新根抵当権登記便覧（4）」登研312号46頁（昭48）

【要旨】　根抵当権者の相続財産管理人は合意者には含まれない。

「新根抵当権登記便覧（4）」登研312号47頁（昭48）

【要旨】　第一の相続の相続人が合意をしないうちに、当該相続人に相続が開始したときでも、第一の開始後6か月以内に合意の登記をしなかったときは、根抵当権は第一の相続開始の時に確定する。

「質疑応答【5083】」登研318号75頁（昭49）

【要旨】　根抵当権設定後に第三者を申立人とする強制競売申立登記がなされた場合、債権譲渡を登記原因とする根抵当権移転の登記申請をするには、その前提として元本の確定の登記申請が必要である。

「質疑応答」登研319号50頁（昭49）

【要旨】　確定期日の登記がされている場合において、当該確定期日以前の原因による確定の登記の申請は受理して差し支えない。

「新根抵当権登記便覧（補遺－下－）」登研327号37頁（昭50）

Ⅶ　先例、判例、参考文献

【要旨】　根抵当権者が競売申立てをした後、債権譲渡したが、取下げによって差押えの登記が抹消されても、確定の登記申請を要することなく、債権譲渡による根抵当権移転の登記申請をすることができる。

「質疑応答【5494】」登研365号79頁（昭53）

【要旨】　根抵当権設定登記がされた不動産について、第三者による差押登記がなされた6か月後に確定前でなければすることのできない根抵当権の譲渡による移転登記がされている場合において、後日当該差押登記が取下げ等により抹消されれば、根抵当権は確定しなかったものとみなされるので、当該根抵当権の譲渡は有効である。

「質疑応答【5500】」登研366号85頁（昭53）

【要旨】　登記名義人がその住所を甲地→乙地→丙地と移転した後、登記名義人の表示変更の登記を申請する場合であって、甲地から乙地への移転を証する住民票の除票及び戸籍の附票がないときは、甲地に関する不在住証明書あるいは登記を経た時の登記済証等を提出するなど、可能な限り登記官がその事実を推認し得る資料を添付すべきである。

「質疑応答【5533】」登研369号81頁（昭53）

【要旨】　根抵当権者又は債務者の相続人が一人の場合でも、根抵当権を確定させないためには合意の登記を必要とする。

「質疑応答【5549】」登研370号72頁（昭53）

【要旨】　順位1番・2番で根抵当権の設定を受けている根抵当権者が競売申立てをした場合、当該1番・2番の根抵当権のいずれについても、確定登記を要することなく確定後の根抵当権についてすることができる登記申請をすることができる。

「質疑応答【5582】」登研372号82頁（昭53）

【要旨】　根抵当権の確定債務の不履行を条件とする賃借権設定仮登記についての条件成就による本登記は、元本確定の登記がされていなくても受理される。

「質疑応答【5598】」登研373号87頁（昭53）

【要旨】　共同根抵当権が設定されている物件の一部について当該根抵当権者から

競売申立ての登記がされている場合、共同担保物件全部について債権譲渡による根抵当権移転の登記申請をするには、その前提として、他の物件について元本の確定の登記申請を要する。

「質疑応答【5769】」登研389号121頁（昭55）

【要旨】 根抵当権の確定債権の代位弁済者が、根抵当権設定者に代位して根抵当権の元本確定の登記を申請することはできない。

「質疑応答【5858】」登研396号103頁（昭55）

【要旨】 順位1番・2番で根抵当権の設定を受けている根抵当権者が順位1番の根抵当権に基づいて競売申立てをした場合、債務者を異にする順位2番の根抵当権について、確定登記を要することなく確定後の根抵当権についてすることができる登記申請をすることができる。

「質疑応答【5962】」登研404号135頁（昭56）

【要旨】 「質疑応答【5769】」と同旨

「質疑応答【6062】」登研413号95頁（昭57）

【要旨】 複数の登記義務者の一部について登記手続をなすべき判決を得た場合、当該登記義務者については判決及び確定証明書、他の登記義務者については申請書副本・委任状・印鑑証明書・登記済証を添付して登記の申請をすることができる。

「質疑応答【6411】」登研435号116頁（昭59）

【要旨】 根抵当権の確定の仮登記をすることはできない。

「質疑応答【6486】」登研442号83頁（昭59）

【要旨】 不動産登記法2条1号の根抵当権設定仮登記がされている場合、確定債権の代位弁済をした第三者に根抵当権設定仮登記の移転仮登記をすることはできない。この場合には、根抵当権設定の本登記及び元本確定の登記を経由した上で確定債権の代位弁済による根抵当権移転の登記を申請すべきである（注：「質疑応答【7704】」、「カウンター相談（117）根抵当権設定仮登記について元本確定後でなければすることができない登記の申請をすることの可否について」登研629号127頁参照）。

Ⅶ　先例、判例、参考文献

「質疑応答【6496】」登研443号94頁（昭59）
【要旨】　共有不動産全部を目的として根抵当権が設定されている場合、その確定請求は、共有者全員が共同でしなければならない。

「質疑応答【6799】」登研467号104頁（昭61）
【要旨】　元本確定前の共有根抵当権者の権利放棄による根抵当権の権利移転の登記申請には、根抵当権設定者の承諾書が必要である（注：「質疑応答【6975】」参照）。

「質疑応答【6836】」登研470号98頁（昭62）
【要旨】　所有者がその住所を①Ａ地（登記簿上の住所）→②Ｂ地→③Ａ地→④Ｃ地と移転した場合、所有権の登記名義人表示変更登記申請書には、③から④への変更を証する書面の添付では足りない。

「質疑応答【6930】」登研482号180頁（昭63）
【要旨】　根抵当権の債務者の死亡後6か月を経過した後に、相続による債務者の変更登記及び合意の登記をすることはできない。

「質疑応答【6948】」登研485号119頁（昭63）
【要旨】　根抵当権者及び第三者の競売申立てによる差押登記がされた後、根抵当権者の差押登記が取下げにより抹消されても、根抵当権者は当該根抵当権の全部譲渡の登記を申請することはできない。

「質疑応答【6975】」登研490号145頁（昭63）
【要旨】　元本確定前の共有根抵当権者の権利放棄による根抵当権の権利移転の登記申請には、根抵当権設定者の承諾書を添付する必要はない（注：「質疑応答【6799】」参照）。

「質疑応答【7006】」登研494号122頁（平元）
【要旨】　登記名義人の住所の変更を証する書面は、現住所地の住民票の謄（抄）本である。

「質疑応答【7136】」登研515号254頁（平2）
【要旨】　根抵当権の債務者が複数の場合、そのうちの一人について根抵当権の確定事由が生じても根抵当権は確定しない。

「質疑応答【7256】」登研529号161頁（平4）

【要旨】 債務者の相続による根抵当権の確定後に、債務者の相続による根抵当権の変更登記を申請する前提として、根抵当権の確定登記は要しない。

「質疑応答【7299】」登研533号156頁（平4）

【要旨】 根抵当権の指定債務者の合意の登記をすべき期間満了の日が休日に当たる場合、当該満了日は、休日の翌日になる。

「質疑応答【7312】」登研535号176頁（平4）

【要旨】 根抵当権設定登記がされている物件について、土地収用法の規定に基づく使用裁決手続開始の登記がなされても、根抵当権は確定しない。

「質疑応答【7318】」登研536号175頁（平4）

【要旨】 氏名の変更のみを原因とする所有権の登記名義人の表示変更の登記申請書には、変更を証する書面として、その旨の記載がある戸籍謄抄本及び住民票の写しの添付を要する。

「質疑応答【7446】」登研557号169頁（平6）

【要旨】 「質疑応答【7136】」と同旨。

「質疑応答【7461】」登研559号152頁（平6）

【要旨】 同一の不動産に根抵当権者を異にする複数の根抵当権が設定され、その一つの根抵当権の実行による差押えの登記がされている場合、当該実行に係る根抵当権以外の根抵当権について、元本の確定後でなければできない登記の申請をするには、前提として元本の確定の登記をする必要がある。

「質疑応答【7473】」登研562号133頁（平6）

【要旨】 債務者の相続による根抵当権の確定後に、債務者の相続人のうちの一人が相続債務の免責的債務引受をしてその登記申請をする場合、前提として相続による債務者の変更登記を要するが、根抵当権の確定登記は要しない。

「質疑応答【7677】」登研613号151頁（平11）

【要旨】 共有根抵当権の場合、不動産登記法119条の9の規定による根抵当権の確定の登記の申請には、すべての共有根抵当権者につき催告等を受けたことを証する書面の添付を要する。

Ⅶ　先例、判例、参考文献

「質疑応答【7680】」登研614号163頁（平11）
【要旨】　金融機関等が有する根抵当権により担保される債権の譲渡の円滑化のための臨時措置に関する法律に基づき、根抵当権者が元本の確定登記を単独で申請する場合において、通知証明書に記載された債務者兼根抵当権設定者の住所が登記簿上の表示と一致しないときは、根抵当権者の代位申請により登記名義人表示変更の登記をする必要がある。

「質疑応答【7683】」登研615号243頁（平11）
【要旨】　不動産登記法119条の9による根抵当権の元本の確定の登記を申請する場合に、根抵当権者が国税徴収法55条の規定による差押通知書を紛失したときは、当該通知書に代えて、根抵当権者から税務署長に対する照会書及び同署長からの回答書を添付して申請することができる。

「質疑応答【7689】」登研617号159頁（平11）
【要旨】　金融機関等が有する根抵当権により担保される債権の譲渡の円滑化のための臨時措置に関する法律に基づき、根抵当権者が単独で元本の確定の登記を申請する場合において、根抵当権の債務者が複数のときは、最後の債務者に通知が到達した日を登記原因として申請書に記載すべきである。

「質疑応答【7691】」登研617号160頁（平11）
【要旨】　金融機関等が有する根抵当権により担保される債権の譲渡の円滑化のための臨時措置に関する法律に基づき、根抵当権者が元本の確定登記を単独で申請する場合において、通知証明書には、共同担保関係にあるすべての根抵当権について、設定登記の受付年月日及び受付番号の記載を要する。

「質疑応答【7692】」登研618号183頁（平11）
【要旨】　根抵当権の債務者が破産宣告を受けた後は、根抵当権者が、被担保債権の全部を特定債権回収機関に売却し、被担保債権を新たに発生させない旨の通知をしたとしても、確定登記を単独申請することはできない（注：債権譲渡円滑化法の取扱いであり、現在は変更されている。「カウンター相談（177）根抵当権者からの元本確定請求に基づく登記の申請について」登研706号207頁参照）。

「質疑応答【7693】」登研618号183頁（平11）

【要旨】 不動産登記法119条の9による根抵当権の元本の確定登記を申請する場合において、裁判所書記官等から根抵当権者に対して送付される催告書等の写しを添付情報とする場合でも、いったんは原本を提出し、原本還付請求の手続によることを要する。

「質疑応答【7696】」登研620号233頁（平11）

【要旨】 金融機関等が有する根抵当権により担保される債権の譲渡の円滑化のための臨時措置に関する法律に基づき、根抵当権者が単独で元本の確定の登記を申請する場合において、根抵当権の債務者が外国に居住しているときは、民事保全法59条1項の通知を証する書面の取扱いに準じて、外国郵便で通知書を発した旨の根抵当権者の証明書及び郵便物受領通知書を添付すれば足りる。

「質疑応答【7704】」登研623号161頁（平11）

【要旨】 登記簿上根抵当権の元本が確定していることが明らかな場合には、元本の確定の登記を要することなく確定後でなければすることができない登記の申請をすることができるが、これは、不動産登記法2条1号の根抵当権設定仮登記についても同様である（注：「質疑応答【6486】」、「カウンター相談（117）根抵当権設定仮登記について元本確定後でなければすることができない登記の申請をすることの可否について」登研629号127頁参照）。

「質疑応答【7713】」登研626号243頁（平12）

【要旨】 転根抵当権が設定されている場合、原根抵当権の元本の確定は、転根抵当権の元本の確定事由に当たらない。

「質疑応答【7793】」登研676号183頁（平16）

【要旨】 不動産登記法119条の9により根抵当権者が単独で元本確定登記を申請する場合には、申請書に登記義務者（根抵当権者）の権利に関する登記済証の添付を要しない。

「質疑応答【7807】」登研688号265頁（平17）

【要旨】 法人である登記義務者について、支配人登記がされていない支店長等は、実質的に申請に係る不動産取引を行なう権限があることを証する情報を併せて

Ⅶ 先例、判例、参考文献

提供した場合には、登記原因証明情報の作成名義人となることができる。

■ 著者経歴 ■

大野　静香（おおの　しづか）

昭和54年3月	埼玉県立浦和第一女子高等学校卒業
昭和58年3月	國學院大學文学部史学科卒業
平成7年11月	司法書士試験合格
平成8年3月	大野司法書士事務所開設
平成16年3月	簡裁訴訟代理関係業務認定
平成22年11月	司法書士法人大野事務所に組織変更

（主な著作）
新訂　貸出管理回収手続双書　仮差押え　仮処分・仮登記を命ずる処分（一部執筆・一般社団法人金融財政事情研究会）、銀行窓口の法務対策3800講　Ⅳ　担保編（一部執筆・一般社団法人金融財政事情研究会）、問答式不動産登記の実務（一部執筆・新日本法規出版株式会社）、「オンライン登記申請が新しいステージへ〜登記・供託オンライン申請システムの運用開始〜」（登記研究757号）、「不動産登記オンライン申請における「特例方式」一年を振り返って」（登記研究733号）、「不動産オンライン登記申請にいかに取り組むか」（金融法務事情1835号）、「不動産登記オンライン申請体験記」（登記情報555号）、「オンライン登記申請と共同立会い」（登記情報561号）

根抵当権の確定と登記

平成23年9月13日	第1刷発行
平成25年9月26日	第2刷発行
平成29年5月18日	第3刷発行

著　者　大　野　静　香
発行者　小　田　徹
印刷所　文唱堂印刷株式会社

発　行　所　一般社団法人 金融財政事情研究会
　　　編集部　TEL 03(3355)1713　FAX 03(3355)3763
販　　売　株式会社きんざい
〒160-8520　東京都新宿区南元町19
　　　販売受付　TEL 03(3358)2891　FAX 03(3358)0037
　　　URL http://www.kinzai.jp/

・本書の内容の一部あるいは全部を無断で複写・複製・転訳載すること、および磁気または光記録媒体、コンピュータネットワーク上等へ入力することは、法律で認められた場合を除き、著作者および出版者の権利の侵害となります。
・落丁・乱丁本はお取替えいたします。定価はカバーに表示してあります。

ISBN978-4-322-11933-6